V&R

Frank Ertel/Christian Klein/Ute Lohmann/
Detlev Prößdorf

Gespräche auf den Punkt

Impulse für zielorientierte Gespräche

VANDENHOECK & RUPRECHT

Mit 14 Abbildungen und einer Tabelle

Bibliografische Information der Deutschen Nationalbibliothek:
Die Deutsche Nationalbibliothek verzeichnet diese Publikation in der
Deutschen Nationalbibliografie; detaillierte bibliografische Daten sind
im Internet über https://dnb.de abrufbar.

2., durchgesehene und überarbeitete Auflage

Umschlagabbildung: © rdnzl/Adobe Stock
Innenabbildungen: © Lena Meurer

Satz: SchwabScantechnik, Göttingen
Druck und Bindung: BALTO print, Vilnius
Printed in the EU

Vandenhoeck & Ruprecht Verlage

www.vandenhoeck-ruprecht-verlage.com | E-Mail-Adresse: info@v-r.de

ISBN 978-3-525-77703-9

Inhalt

Vorwort

Willkommen im großen weiten Meer der Kommunikation! Die gute Nachricht vorweg: Auf diesem Meer kann man sich zwar verirren, aber nicht untergehen. Denn wie sagte schon Paul Watzlawick treffend: »Man kann nicht nicht kommunizieren!«[1]

Sie als Leser:in werden vermutlich einiges von Ihren Erlebnissen auf diesem Meer erzählen können: Gespräche ziehen sich in die Länge, in Diskussionen redet man aneinander vorbei, Konferenzen kommen vom Hundertsten ins Tausendste, Besprechungen enden ohne konkretes Ergebnis. Das genaue Gegenteil gibt es aber auch: Man unterhält sich präzise und zielgerichtet, versteht sich auf Anhieb und beide Gesprächspartner gehen anschließend mit dem guten Gefühl auseinander, einen echten Schritt weiter zu sein.

Dieses Buch haben wir geschrieben, um zu zeigen, wie sich das Schlechte vermeiden lässt und das Gute gelingen kann. Um es konkret zu sagen: wie sich Gespräche auf den Punkt bringen lassen! Sie bekommen mit diesem Buch eine detaillierte Karte an die Hand, die Sie befähigt, auf dem Meer der Kommunikation sicher zu navigieren. Wer diese Karte in seinen alltäglichen Begegnungen zur Hand oder besser noch im Kopf hat, wird sich darauf nicht mehr verirren. Mehr noch: Sie werden sich damit in vielfältigsten Gesprächssituationen deutlich sicherer fühlen.

Als Grundlage benutzen wir dazu die Kommunikationstechnik des von Timm H. Lohse entwickelten Konzepts des Kurzgesprächs.[2] Nachdem wir das Konzept jahrelang in sozialen Bereichen, in Schule und Telefonseelsorge angewendet und als Trainer:in weitergegeben haben, haben wir zunehmend festgestellt: Es eignet sich hervorragend auch für andere Bereiche. Punktgenau zu kommunizieren ist für einen selbst genauso ein Gewinn wie für alle, die um Klärung oder Rat gebeten werden, sei es in Organisationen, Institutionen oder Verwaltungen.

Wir erläutern Ihnen in diesem Buch, was Sie brauchen, um Gespräche in kurzer Zeit auf den Punkt zu bringen (Kapitel I). Wir stellen Ihnen »Acht Kostbarkeiten« vor, die als Herzstück dieses Buches die wesentlichen Kernelemente des Konzeptes darstellen (Kapitel II). Sie erfahren sodann, wie sich Bilder und Geschichten gewinnbringend einbringen lassen (Kapitel III). Wir zeigen, was es noch braucht, um mit diesem Konzept einen gewissen Grad der Meisterschaft zu erreichen (Kapitel IV). Gegen Ende gehen wir noch auf die Anwendung in anderen Gesprächssituationen wie Meetings, Workshops und der immer bedeutsamer werdenden Onlineberatung ein (Kapitel V). Zum Abschluss haben wir Ihnen alles noch einmal komprimiert »auf den Punkt« gebracht (Kapitel VI). Das soll bei der Fülle der Informationen helfen, den Überblick und hoffentlich auch den Durchblick zu behalten. Außerdem können Sie von hier aus schnell einzelne Elemente aufgreifen, die Sie gezielt einsetzen oder üben wollen.

Dieses Buch ist aus der Praxis für die Praxis geschrieben. Es fließen viele Jahre an Erfahrung mit Gesprächen ein, die wir zu »steuern« hatten. Der Praxisbezug mit Beispielen und die konkrete Anwendbarkeit stehen für uns im Vordergrund, Verweise auf (wissenschaftliche) Literatur sind daher knapp gehalten.

Als geschlechtergemischtes Team von Autor:innen wissen wir um die Sensibilität von gendergerechter Sprache. Wir gendern gern, aber nicht, wenn es den Lesefluss zu sehr beeinträchtigt. Aus reiner Lesefreundlichkeit halten wir uns daher im Zweifel an die maskuline Form und hoffen, dass alle damit gut leben können.

Das Buch soll Ihnen Lust machen, das eine oder andere auszuprobieren. Was dieses Buch jedoch nicht ersetzen kann, ist das eigene Üben. Um noch einmal das Bild aufzunehmen: Die Karte zum Navigieren auf dem großen weiten Meer der Kommunikation geben wir Ihnen hiermit an die Hand. Richtig Freude wird sie Ihnen aber erst machen, wenn Sie sich auch trauen, sich in neue Gewässer vorzuwagen. Dazu möchten wir Sie ausdrücklich ermutigen!

Und nun: Leinen los und gute Fahrt!

Im Sommer 2022
Frank Ertel   Christian Klein   Ute Lohmann   Detlev Prößdorf

I Gespräche auf den Punkt bringen

1 Was sind Gespräche auf den Punkt?

Jede:r wird das kennen: Manchmal kommen Gespräche sehr schnell in die Tiefe und manchmal dauert es gefühlt eine Ewigkeit, bis man beim Kern der Sache ist oder überhaupt in die Nähe eines Ergebnisses kommt. Gespräche können sehr dicht und konzentriert sein. Sie können aber auch langatmig sein und mit Abschweifungen, Wiederholungen und ohne Ergebnis verlaufen.

Welchen Verlauf ein Gespräch – gerade auch im Beratungskontext – nimmt, entscheidet sich oft schon bei der ersten oder zweiten Erwiderung (auch »Intervention« genannt) seitens des Gesprächsführenden. Je nachdem, wie der Gesprächsführende (G) auf die Aussage des Anfragenden (A) reagiert, nehmen Gespräche einen unterschiedlichen Verlauf.

Ein Beispiel: Ein Anfragender kommt zum Gespräch und sagt:

> A: Gerade geht bei uns alles drunter und drüber. Ich weiß schon gar nicht mehr, was ich denken soll. Alles ist irgendwie Mist.

Sie als Gesprächsführende:r haben jetzt etliche Optionen, hierauf zu reagieren. Und jede Ihrer Interventionen wird das Gespräch in eine andere Richtung führen.

> Sagt G: Was ist denn da bei euch los? –

so wird der Anfragende ermuntert, das Problem zu schildern. Sein Erzählen wird zunächst schwerpunktmäßig auf die Probleme und auf Vergangenes gerichtet.

> Sagt G: Das kann ich gut nachvollziehen. Solche Phasen im Leben kenne ich. –

so signalisiert der Gesprächsführende eigene Erfahrungen. Kommunikativ begibt sich das Gespräch jedoch in die Welt des Gesprächsführenden – und damit weg vom Anliegen des Anfragenden.

Sagt G: Wo werden Sie beim Ausmisten anfangen? –

so wird das Gespräch in Richtung eines Lösungsweges gelenkt.

In Gesprächen gilt die alte Weisheit »Wer fragt, der steuert«. Art und Inhalt des Fragens entscheiden maßgeblich, welche Richtung ein Gespräch nimmt. Es gibt kein wirklich »Richtig« oder »Falsch« des Fragens, viele Wege führen hier nach Rom. Allerdings sind einige Wege kürzer und andere länger. Und bei manchen Wegen wird Rom in der zur Verfügung stehenden Zeit gar nicht erreicht. Das ist in der Regel unbefriedigend, vor allem für den Anfragenden, aber auch für Sie als Gesprächsführende:n.

Wollen Sie Gespräche auf den Punkt bringen, ist es sinnvoll, das Gespräch oder einen Teil eines Gespräches auf möglichst wenige, dafür aber zielführende Interventionen zu beschränken. Vermieden wird eine Gesprächsführung, die eher Nebensächliches thematisiert; gefördert wird ein enges sprachliches »Dranbleiben« an einem Lösungsweg für das Gegenüber. Der anfangs noch unbekannte Weg nach Rom, zum eigentlichen Ziel, erfolgt dabei kommunikativ verblüffend elegant unter Zuhilfenahme der Erkenntnisse des zielorientierten Kurzgespräches.

Der Ansatz des Kurzgespräches basiert auf den Arbeiten von Timm H. Lohse. Seine Erfahrungen in Schwangerschaftskonfliktberatungen ließen ihn nach neuen Wegen in der Gesprächsführung suchen, da die herkömmlichen beraterischen Ansätze und Methoden die ungewollt schwangeren Frauen nicht erreichten. Im Studium der Protokolle dieser Gespräche entdeckte Lohse einen Weg, wie eine betroffene Frau aus der Fixierung auf die Lösung ihres Schwangerschaftskonflikts befreit und ihr der Zugang zu den ihr eigenen vielschichtigen Kräften mobilisiert werden kann, um eine autonome Lebensführung für sich zu verwirklichen. Daraus entwickelte er sein erstmals 2003 veröffentlichtes Konzept »Das Kurzgespräch in Seelsorge und Beratung«.

Die von Lohse zusammengestellten kommunikativen Fertigkeiten für ein gutes Gespräch übernehmen wir, stärken und erweitern jedoch den Aspekt der Zielorientierung, um die Anwendungsmöglichkeit des Kurzgespräches auf Settings außerhalb von Seelsorge und Beratung zu erweitern.[3]

Wir verstehen somit unter »Gespräche auf den Punkt« eine spezifische Kommunikationsform, die es ermöglicht, Gespräche in unterschiedlichen Settings sicher und kompetent zu steuern. Ihr Ziel ist ein erster konkreter Schritt aus einer problematischen oder unbefriedigenden Ausgangslage heraus.

Sechs Grundsätze bilden dazu die Basis:

1. **Ich sehe deine Schwächen, baue aber auf deine Stärken!**
   Wir begegnen dem anderen mit einer wertschätzenden Haltung. Wir sehen im Anfragenden kein unselbstständiges Mängelwesen, sondern einen wertvollen Menschen, dem mit Achtung und Wertschätzung zu begegnen ist. Wir sehen mehr seine Möglichkeiten als seine Einschränkungen, egal, wie sich seine momentane Situation auch darstellt.

2. **Ich weiß nicht, wie es dir geht – sag du es mir!**
   Jeder Mensch sieht die Welt mit eigenen Augen – er konstruiert sich sozusagen seine eigene Welt. Vollständig »verstehen« kann man die Welt eines anderen nie, aber man kann trotzdem mit ihr interagieren. Unsere kommunikativen Impulse zielen darauf, nicht unsere eigene Sicht und unser eigenes Deuten in den Vordergrund zu stellen, sondern den Gesprächspartner sich selbst deuten zu lassen.

3. **Mich interessiert nicht das Problem – mich interessiert die Lösung!**
   Gewöhnlich wird viel Energie in einem Gespräch darauf verwendet, das Problem und die Vergangenheit zu schildern. Man meint, damit der Lösung näherzukommen. Wir gehen jedoch den umgekehrten Weg: Wir fragen mit hoher Intensität nach der Lösung und der Zukunft und nehmen nur so viel vom Problem mit in den Blick, wie dafür benötigt wird.

4. **Du bist Expert:in für dein Problem – und damit auch für die Lösung!**
   Wir verstehen uns nicht als allwissende Berater – dafür kennen wir die Person und ihr Problem viel zu wenig. Wir sind auch nur in

begrenztem Maße Helfer. Vielmehr sind wir aufmerksame Begleiter
auf einem kurzen gemeinsamen Stück. Wir klären, wir unterstützen
und manchmal irritieren wir auch. Um ein Bild zu gebrauchen:
Wir sind der Steuermann für eine Fahrt zu neuen Ufern. Der
Anfragende jedoch ist und bleibt der Kapitän seines Lebensschiffes.

5. **Wir nutzen die Gunst des Augenblicks.**
   Für sein Anliegen hat der Anfragende sich einen ihm passend
   erscheinenden Moment und Ort ausgesucht (z. B. »zwischen Tür
   und Angel«). Dem versuchen wir gerecht zu werden und mit vol-
   ler Aufmerksamkeit alle darin liegenden Möglichkeiten zu nutzen. Und wir beschränken uns auf diesen einen Moment! In der
   Regel gibt es am Ende dieser Gespräche keine Versprechen, Folge-
   termine oder weitergehenden Verabredungen. In der zur Verfügung stehenden Zeit wird ein erster konkreter Schritt erreicht.

6. **Wir glauben an die Kraft des ersten erfolgreichen Schrittes.**
   Wir wissen, dass sich ein über eine lange Zeit entstandenes Problem
   mit vielen Facetten kaum umfassend in einem kurzen Gespräch
   lösen lässt. Wir vertrauen aber darauf, dass auf einen ersten erfolgreichen Schritt viele weitere solcher Schritte folgen können. Wir setzen unsere Energie daher in diesen ersten Schritt des Anfragenden.

Diese sechs Grundsätze sind mehr als praktische Hinweise. Sie skiz-
zieren die Haltung, aus der heraus kommunikativ gehandelt wird.
Ohne diese sechs Grundsätze laufen die im Weiteren beschriebenen
kommunikativen Elemente Gefahr, lediglich eine reine Methode (also
eine Gespräch*technik*) zu sein. Umgekehrt lässt aber erst die Methode
die Haltung praktisch werden – ansonsten bliebe sie reine Gesinnung.
Die beiden Teile organisch zu verbinden ist die entscheidende Fertigkeit, die es braucht, um Gespräche gut auf den Punkt zu bringen.

2   Wohin soll die Gesprächsreise gehen?

Aber wie schafft man das nun – ein Gespräch auf den Punkt zu bringen? Schauen wir uns an, wie aus einem kurzen Gespräch ein langes Gespräch wird.
Stellen Sie sich einen jungen Menschen vor, der Sie anspricht.
Nach einer kurzen Einleitungssequenz wird deutlich, was ihn bewegt:

> *A: Ich habe seit fünf Jahren keinen Kontakt mehr zu meinem Vater!*

Was denken Sie: Wird das eher ein kurzes oder ein eher langes Gespräch? – Die meisten Menschen antworten auf diese Frage: Das wird vermutlich eher ein langes Gespräch, weil hinter der Aussage eine sehr lange Vorgeschichte steckt.

Will man ein solches Gespräch auf den Punkt bringen, ist es nicht nötig, das Problem in seiner ganzen Bandbreite zu erfassen. Es geht für Sie als Gesprächsführende:n nicht darum, möglichst viele Details aus der Vergangenheit zu erfahren. Sondern es geht darum, dass der Anfragende einen guten ersten Impuls bekommt, um einen ersten gedanklichen Schritt hinaus aus seinem Problem bzw. Ursprungsdilemma zu machen.

Es wird dann ein längeres Gespräch, wenn auf die Geschichte und damit auf die Vergangenheit eingegangen wird. Dies ermuntert das Gegenüber, immer mehr Details zu erzählen. Diese Details mögen zwar interessant sein, führen aber nicht aus dem Dilemma hinaus. Im Gegenteil: Beide Gesprächspartner geraten hierbei leicht in ein *Problemkarussell*, bei dem – wie bei einem echten Jahrmarktskarussell – zwar viele bunte Details zu sehen sind und die unterschiedlichsten Gefühle frei werden. Aber bereits nach kurzer Zeit merkt man: Es wiederholt sich alles, ohne dass man wirklich vom Fleck kommt. Im schlimmsten Fall wird Ihnen als Gesprächsführende:r bei dieser Karussellfahrt sogar schwindelig. Man will eigentlich nur noch aussteigen. Doch das ist schwieriger als gedacht. Aussagen wie »Ich bin den einfach nicht mehr losgeworden« oder »Die war gar nicht mehr zu stoppen« zeugen von einer solchen ungewollten Karussellfahrt.

Dabei tun wir als Gesprächsführende oft einiges, damit sich das Karussell dreht:

> *A: Ich habe seit fünf Jahren keinen Kontakt mehr zu meinem Vater!*
> *G: Wie kommt denn das? Was ist da passiert?*

So gefragt wird der Anfragende angeregt, aus der Vergangenheit zu erzählen. Das befördert das Erzählen von Details, wodurch das Gespräch Länge bekommt. Oder:

> *A: Ich habe seit fünf Jahren keinen Kontakt mehr zu meinem Vater!*
> *G: Das tut mir leid zu hören. Wie geht es Ihnen jetzt damit?*

Hierbei wird der Anfragende angeregt, Stimmungen und Gefühle zu verbalisieren. Empathie seitens des Gesprächsführenden ist enorm wichtig! Jedoch kann und wird diese bei Gesprächen auf den Punkt anders, nämlich vorwiegend nonverbal ausgedrückt.

Als Gesprächsführende:r vermeiden Sie somit, Impulse zu setzen, die das Kreisen des Problemkarussells fördern. Es soll darum gehen, das Karussell im Kopf und im Erzählen des Gegenübers zu stoppen. Erst wenn das jeweilige Karussell gestoppt ist, kann aus dem gewohnten Drehen der Gedanken ausgestiegen werden und sich das Denken in eine neue Richtung bewegen.

Gespräche werden dann auf den Punkt gebracht, wenn es gelingt, der Versuchung eines Nachfragens nach Details der Geschichte (z. B. »Was war denn da los?«) und auch eines Nachfragens nach der emotionalen Befindlichkeit (z. B. »Was macht das mit Ihnen?«) zu widerstehen. Ein gut vorgetragener und das bisherige Denken sanft verstörender Impuls bringen hingegen die Gesprächsreise deutlich schneller Richtung Ziel, weil dem Anfragenden eine neue Blick- und Denkrichtung eröffnet wird. In diesem konkreten Beispiel könnte ein solcher Impuls z. B. sein:

> *A: Ich habe seit fünf Jahren keinen Kontakt mehr zu meinem Vater!*
> *G: Und was soll nun aus diesem Kontakt für Sie werden* ↓[4]

Der Anfragende wird dadurch angeregt, nicht in die Vergangenheit zu schauen, sondern vom Hier und Jetzt aus nach vorn zu blicken. Die Perspektive ändert sich grundsätzlich:
- – weg von der Vergangenheit – hin zur Zukunft
- – weg vom Bekannten – hin zu neuen Betrachtungsweisen
- – weg von Eingefahrenem – hin zu neuen Möglichkeiten

Richtung, Verlauf und Länge eines Gespräches werden von beiden Gesprächspartnern geprägt. Sind Sie angefragt, steuern Sie jedoch durch die Art und Weise Ihrer Interventionen entscheidend die Gesprächsreise mit. Der Anfragende ist in der Regel nicht in der Lage, aus dem Schlingern und Kreisen in eine zielgerichtete Bewegung zu kommen. Dies ist

Ihre Aufgabe als Gesprächsführende:r. Sie haben wesentlichen Anteil daran, ob die Gesprächsreise kurz oder lang, intensiv oder ausschweifend, mit einer Zieleinfahrt in einen Hafen oder mit einem Stranden auf einer kommunikativen Sandbank endet. Jederzeit können Sie aber an Ihrer kommunikativen Navigationskunst arbeiten und damit Ihren Beitrag leisten, dass die Gesprächsreise eine Richtung bekommt und ihr Ziel erreicht!

3 Wie lässt sich Kurs halten?

In den Grundsätzen zum Kurzgespräch in Kapitel I.1 hatten wir erläutert, dass das Verhältnis der Gesprächspartner im Kurzgespräch vergleichbar ist mit dem von Kapitän und Steuermann. Deuten wir dieses Verhältnis noch ein wenig aus: Der Kapitän ist einer, der in seinem momentanen Hafen nicht länger bleiben kann oder will. Sie kennen seine Gründe dafür nicht, zumindest nicht alle. Sie bekommen nur vage mit: Er will da raus. Und jetzt ist für ihn der richtige Moment gekommen, dies ernsthaft anzugehen und loszufahren. Dazu heuert er Sie als Steuermann an. Eigentlich ein ziemlich abenteuerliches Unternehmen: Weder er noch Sie wissen am Anfang genau, wo es hingehen soll. Erst allmählich wird ein neuer Zielhafen erkennbar – näher oder weiter entfernt. Dieser Hafen ist nicht das Ziel aller Wünsche und das Ende aller Probleme. Aber zumindest eine der ursprünglichen Belastungen hat man bei der Einfahrt in diesen Zielhafen hinter sich gelassen. Damit hat sich die Ausfahrt gelohnt.

Bei Kurzgesprächen gilt diesem neuen Ziel von Anfang bis Ende die Aufmerksamkeit und alles ist darauf ausgelegt, es auf möglichst kurzer Route zu erreichen. Gäbe es dieses Ziel nicht, wäre die Fahrt womöglich einfach nur eine lustige Seefahrt, die von den momentanen Problemen ablenkt. Aber sie wäre nicht das, wozu man ursprünglich aufgebrochen ist. Erst das Ziel gibt der gemeinsamen (Gesprächs-)Reise die Ausrichtung und strukturiert alle Bemühungen. Daher ist es nur redlich, diese gemeinsame Reise auch präzise zu benennen. Sie führen ein Gespräch mit dem vorrangigen Ziel, auf kurzem Weg neue Lebens- oder Handlungsperspektiven für den Anfragenden zu erreichen – ein *zielorientiertes* Kurzgespräch[5].

Hat man erst einmal den Hafen verlassen und ein neues Ziel anvisiert, gilt es, einen klaren Kurs zu halten. Doch gibt es gewöhnlich keine Seezeichen auf hoher See. Dafür gibt es Strömungen, die das Schiff abtreiben lassen, und Winde, die zuweilen kräftig wehen und ihm manchmal sogar entgegenstehen. Und ehe man sich versieht, ist das Schiff vom Kompasskurs abgekommen. In der Seemannssprache nennt man diese Einflüsse durch Wind und Strömung »Drift«. Um trotz der Drift auf Kurs zu bleiben, muss der Zielkurs immer wieder überprüft und korrigiert werden.

Ähnlich wie in der Seefahrt gibt es auch in Gesprächen manches, was vom eingeschlagenen Kurs abbringen kann, z. B.:

> *A: Also meine Frau meint ...*

Das ist ein verlockendes Angebot. Schließlich ist man als Gesprächsführende:r ja auch ein wenig neugierig. Aber das Gespräch wird dann in eine Richtung abdriften, die nicht zum Ziel führt. Denn was die Frau meint, ist in der Regel eine Nebenströmung.

Eine Möglichkeit, mit dieser Nebenströmung umzugehen und auf Kurs zu bleiben, wäre:

> *G: Und was meinen Sie* ↓

Nehmen wir noch ein zweites Beispiel. Der Anfragende sagt:

> *A: Das tut noch immer weh, wenn ich daran denke ...*

Diese Aussage kann dazu führen, dass Sie sich als Gesprächsführende:r von dem zugrunde liegenden Schmerz einfangen lassen. Eine Möglichkeit, auf Kurs zu bleiben, wäre:

> *G: Und was tut Ihnen gut, wenn Sie daran denken* ↓

Auch beliebt ist es, seitens des Anfragenden schnelle Lösungen einzubringen:

> *A: Ach, ich könnte ja einfach mal ...*

Gerade solche schnellen Ideen sind für beide Gesprächspartner attraktiv: Ein schnelles Ende einer anstrengenden Reise winkt! Aber genau das ist auch der Haken: Sie sind meist mehr ein verlockendes Alternativangebot als eine wirkliche zielorientierte Lösung, die mit Mühe erarbeitet werden muss. Nebenbei bemerkt: Solche schnellen Alternativen werden meistens auch nicht umgesetzt. Hier ließe sich fragen:

> G: Wie können Sie Ihrem Ziel wirklich näherkommen ↓

Sie merken: Es wirken so viele kommunikative Kräfte auf den Gesprächsverlauf ein, dass es eine gute kommunikative Steuermannskunst braucht, um den Kurs zu halten. Dabei muss der Steuermann zwei Punkte im Blick behalten: erstens das Ziel und zweitens den aktuellen Standpunkt. Immer wieder werden Sie abgleichen und korrigieren müssen, damit die Drift Sie nicht vom gewählten Kurs abbringt und das Gespräch nicht buchstäblich »aus dem Ruder« läuft.

4 Wie verläuft das Gespräch?

Jedes Gespräch ist unterschiedlich. So unterschiedlich wie die Menschen, die es führen. Trotzdem lässt sich für Gespräche, die auf den Punkt kommen sollen, eine gemeinsam zugrunde liegende Struktur entdecken.

Am Anfang kommt der Anfragende mit einem drängenden Problem, aber wenig Perspektive. Details und Einzelfragen haben es für ihn zu einem komplexen »Knäuel« von vielen Fäden werden lassen, die er nicht entwirren kann. Hat man genug Zeit und Muße, kann man sich mit ihm daran begeben, alle einzelnen Fäden zu entwirren und so das Problem zu lösen. Beides haben Sie im Alltag gewöhnlich nicht. So besteht die *erste Phase* eines Kurzgespräches in der Regel aus einer klärenden Suchbewegung, die versucht, einen Lösungsansatz zu finden. Dazu wird die Komplexität des Problems auf einen vom Anfragenden selbstgewählten zentralen Aspekt reduziert, an dem weitergearbeitet werden kann. Oder, um im Bild zu bleiben: Der Anfragende wird veranlasst, einen Faden aus seinem Problemknäuel herauszuziehen und die anderen erst einmal beiseitezulassen. Oftmals geht dies über ein gemeinsames Sortieren und Priorisieren. Manchmal jedoch muss auch ein zusätzlicher Impuls gesetzt werden, damit diese erste Phase zu einem Abschluss kommen kann. Am Ende steht dann ein erster Lösungsansatz, der weiter konkretisiert werden muss.

Nun geht es in die *zweite Phase*. Hier werden Ziele überprüft, Ressourcen erkundet und Vorgehensweisen durchdacht. Dabei kann es allerdings dazu kommen, dass dieser Schritt nicht zum Erfolg führt: Ein Ziel erweist sich als unrealistisch, eine Ressource als nicht ergiebig, eine Lösung als nicht praktikabel. Dann muss der Gesprächsführende noch einmal einen Schritt zurück und zusammen mit dem Anfragenden wieder neu ansetzen. Am Ende steht im Idealfall eine klar umrissene Handlungsoption oder eine neue Perspektive auf das ursprüngliche Problem. Grafisch stellt sich das vereinfacht so dar:

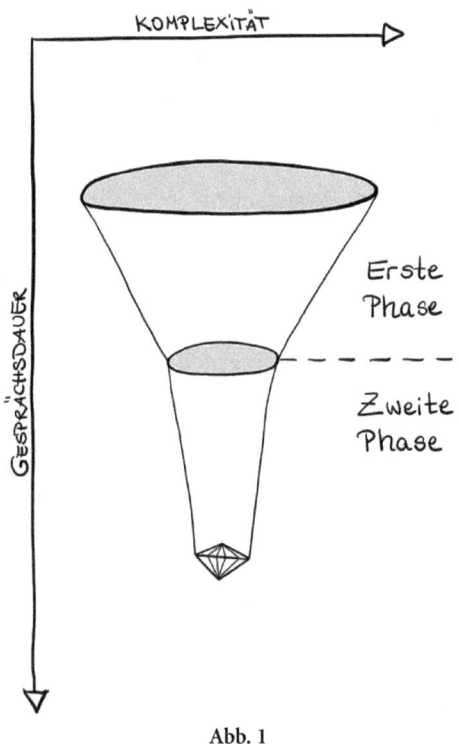

Abb. 1

Die erste Gesprächsphase lässt sich auch »die Diamantensuche« nennen. Am Anfang steht eine Menge Geröll, aus dem mit Geduld und guter Beobachtungsgabe ein Rohdiamant herausgewaschen wird. In der zweiten Phase wird dieser so lange geschliffen, bis am Ende das fertige Schmuckstück steht. Die beiden Phasen können kürzer oder länger sein und damit ist auch ihr Verhältnis zueinander sehr variabel. Denn wie gesagt: Jedes Gespräch ist so unterschiedlich wie die Menschen, die es führen.

5 Drei Dynamiken

Im Verlauf von Kurzgesprächen gibt es drei Dynamiken. So wie jeder gute Seemann um den Einfluss von Wind, Wellen und Strömung auf die Fahrt wissen muss, so sollten Sie den Einfluss der folgenden drei Dynamiken auf den Gesprächsverlauf kennen. Dann kann man diese im Gesprächsverlauf gezielt einsetzen.

Dynamik 1: Verstehen und verstören

Jeder Mensch hat seine eigene Sprache. Erfahrungen und Prägungen seines Lebens schlagen sich in seiner Sprache nieder und machen sie zu einem originalen und für ihn typischen Gemisch – so einzigartig wie ein Fingerabdruck.

Dazu kommen die mannigfaltigen Facetten des Problems, mit dem ein Anfragender Sie anspricht. Nur er kennt die unterschiedlichen Seiten und Sichtweisen, die handelnden Personen und ihre Beziehungen, die Schwierigkeiten und Möglichkeiten, all das, was die Situation für ihn zum Problem macht. All dies zu »verstehen«, ist nahezu unmöglich. Es ist wahrscheinlicher, dass Sie sich bei einem solchen Versuch in diesem unbekannten Dschungel verirren, als dass Sie einen gangbaren Weg hinausfinden. Nur einer kennt diesen Dschungel wirklich gut: Der Anfragende selbst – auch wenn er den Weg hinaus (noch) nicht sehen kann.

Sie als Gesprächsführende:r versuchen, mit ihm diesen Weg zu erkunden und einen ersten Schritt hinauszutun. Für diesen Erkundungsvorgang sind nicht alle Teile des Problems gleich wichtig. Sie müssen nicht alles wissen – Sie suchen lediglich gemeinsam einen Weg heraus. So erkundigen Sie sich vor allem nach den Anteilen des Problems, die Ihnen bei dieser Suche helfen. So geht es beim *Verstehen* eher um ein *Präzisieren* oder *Klären*. Indem Sie in der Sprachwelt des Gegenübers gemeinsam zielorientiert suchen und alle unwichtigen Details beiseitelassen, tritt der Blick auf den Weg oftmals schnell zutage.

Beispiele für verstehende (klärende) Impulse:

> *A: Ich habe Liebeskummer.*
> *G: Was genau bekümmert dich ↓*

> *A: Ich finde keinen Halt.*
> *G: Was/Wer kann dich halten ↓*

> *A: Ich bin immer unterwegs.*
> *G: Wo kommst du zur Ruhe ↓*

Manches Mal hingegen ist ein zusätzlicher und verstörender Impuls nötig. Denn die Situation klar zu erkennen, heißt eben noch nicht automatisch, eine Lösung zu erkennen. Ein Mensch in einer seelischen oder geistigen Notlage braucht oftmals einen stärkeren Impuls, um auf einen neuen Gedanken zu kommen. Das Setzen eines bewusst irritierenden Impulses auf der Sprachebene nennen wir *verstören*. Eine Verstörung ist etwas anderes als ein Ratschlag. Ein Ratschlag kommt aus dem eigenen Erleben und wird auf die Situation des anderen übertragen. Ein verstörender Impuls dagegen enthält keine Handlungsanweisung. Er verändert lediglich einen Teil der Aussage des Anfragenden. Dies irritiert den Anfragenden nicht nur auf der Sprachebene, sondern wirkt sich bis in die Tiefe seiner bisherigen Selbstorganisation aus. Im Idealfall zwingt es ihn dazu, sich selbst und seine bisherige Sicht- und Handlungsweise aus veränderter Perspektive zu betrachten und darüber zu einer alternativen Lösung zu gelangen. Ein Bild dafür ist das Mobile: Verändert man ein kleines Teil, muss das Ganze neu ausgerichtet werden, damit es wieder ins Gleichgewicht kommt.

Beispiele für verstörende Impulse:

> *A: Ich habe Liebeskummer.*
> *G: Wie kümmerst du dich um deine Liebe ↓*

> *A: Ich finde keinen Halt.*
> *G: Was willst du in den Griff bekommen ↓*

> *A: Ich bin immer unterwegs.*
> *G: Wovor flüchtest du ↓*

Die Verstörung ist dabei kein konstitutives Element. Sie kommt nicht zwangsläufig in jedem Gespräch zur Anwendung. Die Reihenfolge ist immer: erst verstehen (und eventuell priorisieren), dann gegebenenfalls verstören. Direkt zu Anfang eines Gespräches wirkt ein verstörender Impuls eher *zerstörend*. Wie im wirklichen Leben kann man nur bei ausreichender Klarheit auf etwas Neues angemessen reagieren. Ansonsten verwirrt oder ängstigt es nur. Am richtigen Punkt angewandt hat ein verstörender Impuls aber fast immer den positiven Effekt im Sinne des lateinischen Wortes »pulso«: Er regt an und treibt die Lösungssuche voran.

Dynamik 2: Energie und Synergie

Gespräche kosten Energie. Umso mehr, wenn es in dem Gespräch um ein ernsthaftes Problem oder eine belastende Situation geht. Die Suche nach einer möglichen Lösung ist für beide Gesprächspartner ein anstrengender Prozess. Man muss intensiv nachdenken, die Impulse des Gesprächspartners verarbeiten, mögliche Lösungen abschätzen, Ziele neu definieren etc. Auf beiden Seiten wird damit Energie in einen erfolgreichen Abschluss investiert – nur in unterschiedlicher Intensität!

Immer wieder folgt dabei in Problemgesprächen der Energiefluss folgendem Muster:

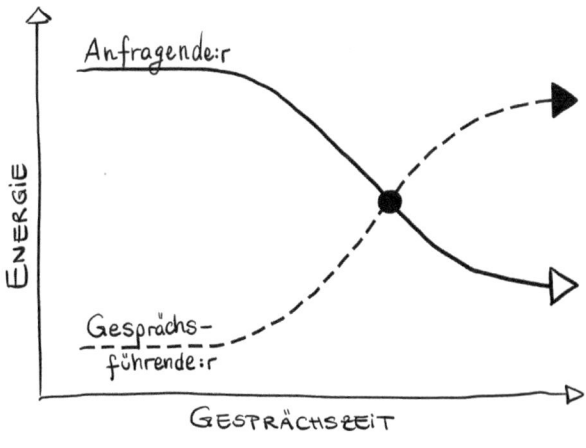

Abb. 2

Der Anfragende kommt am Anfang mit einer Menge Energie. Er erzählt seine Geschichte, versucht, das Problem deutlich zu machen, ist aufgewühlt oder niedergeschlagen, ist wütend, traurig oder verzweifelt. Erst wenn er sich das Meiste »von der Seele geredet« hat, beruhigt er sich. Als Gesprächsführende:r dagegen ist man anfangs auf einem relativ niedrigen Energielevel, doch dies ändert sich schnell. Denn für den weiteren Verlauf wird zunehmend Energie gebraucht. Einmal dafür, dem Gesprächsverlauf zu folgen. Und zum zweiten für den Versuch, einen Überblick zu bekommen. Am Ende dieses Prozesses erreicht das Gespräch einen entscheidenden Punkt. Nun sind die Gesprächspartner kommunikativ und energetisch ungefähr auf gleichem Energielevel – aber die Tendenz ist unterschiedlich. Als Gesprächsführende:r beginnt nun der anstrengende Teil: Es geht darum, Ideen zu entwickeln, dem Anfragenden Lösungen vorzuschlagen, sich auf eine Lösung zu einigen usw. Für den Anfragenden ist das vergleichsweise kraftsparend: Er kann abwarten, sortieren, abwehren oder einen Schritt weiter gehen, Hilfe annehmen oder lassen. Kommt es zu einem Ergebnis mit einer Lösung, sind meist beide erschöpft, aber zufrieden; synergetisch wurde ein Ergebnis erzielt.

Gespräche dieser Art sind für Sie als Gesprächsführende:n insbesondere dann problematisch, wenn mehrere hintereinander mit unterschiedlichen Personen erfolgen. Meistens schon nach dem zweiten Gespräch, spätestens nach dem dritten innerhalb kurzer Zeit merken Sie: »Ich kann nicht mehr.« Die Kraft lässt zunehmend nach und reicht nicht mehr, konzentriert dem Gespräch zu folgen. Dies potenziert sich noch, wenn kein Ergebnis und damit auch kein Synergieeffekt erzielt wurde. Frust und Erschöpfung sind die natürlichen Folgen.

Bringen Sie Gespräche auf den Punkt, stellt sich der Energiefluss anders dar:

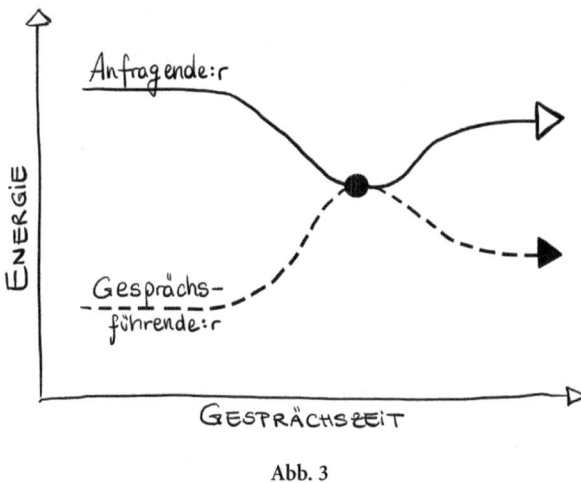

Abb. 3

Der Anfang beginnt ähnlich. Auch hier kommt der Anfragende mit einer hohen Anfangsenergie und Sie als Gesprächsführende:r sind auf einem relativ niedrigen Energielevel. Auch hier müssen Sie zunächst viel Energie aufwenden, um sich punktgenau auf den Anfragenden einzustellen. Sie ermutigen ihn konsequent, nach vorne zu schauen und sich nur auf das für eine Lösung Notwendige zu konzentrieren. Diese Suche kostet auch Energie, aber doch deutlich weniger, als das gesamte (gegebenenfalls schmerzhafte) Szenario mit all seinen Facetten präsent zu halten. Jeder Teil, den man als momentan weniger wichtig hinter sich lässt, verringert die benötigte Energie. So erreichen beide viel schneller als sonst den Punkt eines ausgeglichenen Energielevels. Im nun folgenden Teil steigen die Anstrengung und damit der Energieverbrauch auf Seiten des Anfragenden wieder an. Denn durch die erhaltenen Impulse wird er veranlasst, selbst nach einer Lösung zu suchen. Er muss nachdenken, gedanklich ausprobieren, erwägen, entscheiden und verwerfen. Sie als Gesprächsführende:r dagegen können sich auf die (vergleichsweise weniger energieaufwendige) Aufgabe des Setzens der richtigen Impulse konzentrieren.

Auch hier erreichen im besten Fall beide Seiten synergetisch das Ziel. Der Unterschied ist: Die »Hauptarbeit« liegt auf Seiten des Anfragenden. Zudem geht er mit dem Gefühl »Ich habe eine Lösung gefunden«. Der Gesprächsführende dagegen kann sich mit einer nur wenig reduzierten Energiemenge seinen weiteren Aufgaben oder neuen Gesprächen widmen.

Dynamik 3: Entschleunigen und beschleunigen

Wer schnell auf den Punkt kommen will und das noch in einem begrenzten Zeitraum, der könnte schlussfolgern, dann müsse ja alles auch schnell gehen: schnelle Sprache, schnelle Reaktionen, also schnelle Lösungen. Das Umgekehrte ist der Fall. Will man in Gesprächen auf den Punkt kommen, braucht es Verlangsamung! Beide Gesprächspartner brauchen Zeit zum Mit- und Nachdenken, jede Intervention muss gut überlegt sein. Die Pausen bilden dabei die eigentlichen »Arbeitsphasen« des Gespräches. Es ist für den Gesprächsführenden wie den Anfragenden in gleicher Weise wohltuend, sich dafür Zeit zu lassen.

Als Gesprächsführende:r versuchen Sie bewusst, Einfluss auf die Geschwindigkeit der Kommunikation zu nehmen. Gesprächssteuerung umfasst demnach nicht nur die Richtung, sondern auch die Geschwindigkeit des Gespräches. Dabei gelten zwei Regeln:

1. **Die Entschleunigungs- und Beschleunigungsimpulse wechseln**
   Am Anfang des Gespräches beschleunigt der Anfragende oft, um zu »seinem« Problem zu kommen. Sie als Gesprächsführende:r entschleunigen dagegen, um Zeit zum Mit- und Nachdenken zu geben. Zum Ende hin kehrt sich dies um. Der Anfragende entschleunigt, da er sich auf die Suche nach einem ersten machbaren Schritt begibt, Sie als Gesprächsführende:r beschleunigen, indem Sie ihn auf diesem Weg in Bewegung halten – manchmal sogar sanft voranschieben.

   Dieses Anschieben geschieht erst im zweiten Teil des Gespräches, nachdem sich eine erste, machbare Lösung herauskristallisiert hat. Nun gilt es, diese weiter herauszuarbeiten und zu einem ersten praktischen Schritt hin zu formen.

A: Ich muss ihr endlich einmal sagen, dass es so mit uns nicht mehr weitergeht.

G: Wann ist »endlich« ↓

A: Tja, gute Frage. Ich muss dazu ja auch innerlich ganz bereit sein.

G: Wann bist du das ↓

A: Weiß nicht. Höchstwahrscheinlich nie ...

G: Also – wann bist du bereit genug ↓

A: Vielleicht Anfang nächsten Monats ...

G: [Stummer Impuls: Augenbrauen hochziehen]

A: Ja, du hast recht. Ich schiebe es vor mir her. Morgen. Morgen spreche ich mit ihr.

2. Stets die Ruhe behalten!

Auch wenn das Tempo des Anfragenden sich beschleunigt – bleiben Sie mit Ihren Interventionen ruhig und pausierend. Wenn Sie beschleunigen, dann beschleunigen Sie, ohne den Gesprächspartner zu hetzen. Auch ein Felsen im Fluss beschleunigt die Fließgeschwindigkeit, ohne sich selbst zu bewegen.[6]

6   Als Anwalt der Hoffnung unterwegs sein

Wenn sich Menschen mit ihren Fragen und Problemen an Sie wenden, dann tun sie dies gewöhnlich mit einer konkreten Absicht: Sie hoffen, dass sich für sie durch das Gespräch etwas positiv verändert. *Hoffnung* ist somit – bewusst oder unbewusst – ein ganz entscheidender Beweggrund für das Gespräch. Sie könnten schließlich derjenige sein, der ihm aus seiner Situation heraushilft. Als Gesprächsführende:r sollten Sie der Hoffnung des Anfragenden daher stets besondere Aufmerksamkeit schenken.

Die Hoffnung spielt dabei auch für die Gesprächsführung und Gesprächsatmosphäre eine wesentliche Rolle. Würden Sie als Gesprächsführende:r mit einer Einstellung »Der packt es eh nicht« oder »Die ist ein hoffnungsloser Fall« in das Gespräch gehen – wie soll sich daraus etwas Gutes entwickeln? Oder gar ein positiver erster Schritt? Sie als Gesprächsführende:r tun gut daran, viel Wert darauf zu legen, dass Sie selbst die Überzeugung ausstrahlen, dass – egal wie verzwickt manche Situation sich darstellen mag – es immer unentdeckte Möglichkeiten und somit Hoffnung gibt. Sie sollten als eine Art »Anwalt der Hoffnung« unterwegs sein, also als jemand, der sich trotz mancher Widerstände immer für die Hoffnung des Gegenübers stark macht.

Zu Beginn eines Gespräches kann der Eindruck vorherrschen, dass alles nur belastend und ungeklärt, verworren oder vage ist. Das Hoffnung-Machende scheint geradezu verschüttet. Davon sollte man sich nicht entmutigen lassen. Mindestens einen Funken Hoffnung gibt es immer! Und solche Hoffnungsfunken flackern zwischendurch immer wieder auf. Das lässt sich an verbalen wie auch nonverbalen Signalen erkennen.

Verbal signalisieren Anfragende oft mit kleinen Worten und Redewendungen, dass es für sie noch Hoffnung gibt. Wörter wie »hoffentlich«, »eigentlich«, »natürlich«, »vermutlich«, »sicherlich« oder »so weit als möglich« sind kleine Fingerzeige dafür, dass beim Anfragenden Hoffnung und damit auch Ressourcen und Ziel-perspektiven vorhanden sind. Diese Worte lassen sich aufnehmen und damit Hoffnungsimpulse verstärken:

> A: Hoffentlich wird mir das gelingen ...
> G: Wie lassen Sie diese Hoffnung real werden ↓

> A: Ich sorge für mein Team, soweit mir das möglich ist ...
> G: Wofür wollen Sie vor allem weiterhin sorgen ↓

> A: Vermutlich habe ich das nicht richtig bedacht.
> G: Wie mutig wollen Sie denken ↓

> A: Das ist sicherlich nicht einfach.
> G: Wie wird es sicher und einfach ↓

Durch solch behutsames Aufnehmen von Hoffnungspunkten wird an vorhandene Ressourcen erinnert und damit positive Energie frei-gesetzt. Das Gespräch bekommt dadurch oft nicht nur zusätzliche Klarheit, sondern auch ein Mehr an Lösungsperspektiven. Das macht Mut, sich einem ersten machbaren Schritt aus dem Ursprungs-dilemma heraus anzunähern.

Aber auch nonverbal gibt es immer wieder Anzeichen, mit denen der Anfragende signalisiert, dass er Hoffnung hat. Sie zeigen sich beim Anfragenden in kleinen Veränderungen in der Mimik, der Gestik, der Körperhaltung und auch im Tonfall der Stimme. Meist

ist hier ein Mehr an positiver Energie zu registrieren. Fördern und unterstützen Sie als Gesprächsführende:r diese zarten Signale, bestärkt dies das Gegenüber, weiter den Hoffnungsimpulsen zu vertrauen. Diese Unterstützung geschieht dabei im Kurzgespräch hauptsächlich nonverbal, beispielsweise in Form einer zugewandten Körperhaltung oder durch aufbauende Mimik. Dies setzt ein hohes Maß an Feingefühl und Gespür für die jeweilige Situation voraus (und wird deswegen in den Kursen zum Kurzgespräch auch in besonderer Weise ausprobiert und geübt).

Das Vorhandensein von Hoffnung sowohl auf Seiten des Anfragenden wie auch auf Seiten des Gesprächsführenden ist also eine Grundvoraussetzung, wenn man ein Gespräch auf den Punkt bringen will! Für Sie als Gesprächsführende:n ist es zudem ein guter Indikator, wie es um die Ernsthaftigkeit einer Anfrage bestellt ist. Denn nicht hinter jeder Anfrage muss automatisch auch ein Wunsch nach Lösung oder Veränderung stecken. Es wird auch gern einmal gejammert oder ein Problem ohne konkreten Veränderungswillen erzählt. Ein Achten und Fokussieren auf die Hoffnungspunkte macht jedoch schnell klar, ob ein solcher Wille vorhanden und ein Veränderungsschritt gewollt sind oder nicht. Andersherum merkt auch der Anfragende in der Regel sehr schnell und intuitiv, ob er es mit einem kundigen und menschenfreundlichen »Anwalt der Hoffnung« zu tun hat oder nicht. Ebenso, wenn der Eindruck entsteht, an der falschen Adresse gelandet zu sein, weil er für sich hier keine Hoffnung sieht. Ist das der Fall, beendet der Anfragende meist recht schnell das Gespräch.

Wer als »Anwalt der Hoffnung« unterwegs ist, wird gerade in kurzen Begegnungen viele beglückende Momente erfahren können. Denn Hoffnung ist »wie ein Regenbogen über dem herabstürzenden Bach des Lebens« (Friedrich Nietzsche)[7].

II Acht Kostbarkeiten

Wer jemals in einem chinesischen Restaurant essen war, der kennt von der Speisekarte vermutlich das Gericht »Acht Kostbarkeiten«. Fragt man genauer nach, was diese Kostbarkeiten beinhalten, so bekommt man unterschiedliche Antworten, denn jeder Koch greift zu anderen Zutaten. Die einen nehmen Huhn, Ente, Schwein- und Rindfleisch, andere kochen zusätzlich mit Fisch und Meeresfrüchten, dritte hingegen kreieren ihre Speisen rein vegetarisch. Nur die Zahl »Acht« bleibt, denn in China ist die Acht eine Glückszahl. Ursprünglich sind diese Kostbarkeiten auch keine Essenszutaten, sondern Glückssymbole, die aus den sogenannten »Hundert Schätzen« beliebig ausgesucht werden können. So sind »Acht Kostbarkeiten« auf der Speisekarte eines Restaurants die »best choice«, die bevorzugte Auswahl des Koches aus einer großen Vielfalt von Möglichkeiten. Die Zutaten findet man auch in anderen Gerichten. Aber ihre Auswahl und Komposition macht sie zu etwas Besonderem. Eigentlich ist »Acht Kostbarkeiten« also überhaupt kein Gericht. Es ist eine Qualitätsbeschreibung der jeweiligen Küche – und im besten Fall ein kulinarischer Glücksfall für den Gast.

Wenn wir nun im Folgenden »Acht Kostbarkeiten« des zielorientierten Kurzgespräches beschreiben, dann folgt dies dieser Philosophie. Es gibt vielleicht noch weitere gute und glücksbringende Komponenten für gelingende Kommunikation. Und andere Berater:innen, Coaches oder Trainer:innen treffen wahrscheinlich eine andere Auswahl. Wir haben uns für diese acht entschieden, weil wir meinen, dass sie perfekt abgestimmt sind, um Gespräche präzise und kurz auf den Punkt zu bringen.

Viele dieser Komponenten findet man auch in anderen Kommunikationskonzepten beschrieben. Der besondere Clou für Kurzgespräche ist somit keine singulär herausgenommene Komponente, sondern ihre Kombination in der Verbindung von Methode und Haltung.

So bieten wir Ihnen im Folgenden »Acht Kostbarkeiten« an, in der Hoffnung, dass sie sich Ihnen als wohl durchdachte und harmonische Gesamtkomposition darstellen und Sie am Ende sagen: »Ja, das schmeckt mir!«

Kostbarkeit 1: Die Sprache ist der Schlüssel

Für ein Buch, das sich mit Kommunikation beschäftigt, scheint diese Überschrift eine Allerweltsweisheit zu sein. Ja, was denn sonst – wenn nicht die Sprache? Schließlich ist sie unser Hauptverständigungsmedium. Spannend wird es jedoch, wenn man fragt, was dieser Schlüssel denn eröffnen soll. Die Antwort lautet: den Weg in die Tiefe und den Weg voran im Gespräch bis zu einem ersten machbaren Schritt. Beides gelingt am besten, wenn man den Schlüssel benutzt, den der Anfragende selbst anbietet.

Oberflächen- und Tiefenstruktur von Sprache

Was denken und fühlen Sie, wenn Sie das Wort »Ball« hören?

»Ich denke an den Basketball, den Fußball, den Tischtennisball, meinen Hund, an lange Spaziergänge, an den Opernball, den Abiball, den Ball der einsamen Herzen, mir wird ganz warm ums Herz, mir tut alles weh, die Verletzung ist noch immer nicht ganz verheilt ...«

Alle haben das Wort »Ball« gehört, alle kennen dieses Wort und verstehen, was gesagt wurde. Und im Prinzip weiß auch jeder, was mit »Ball« gemeint ist: entweder ein rundes Objekt, das zum Spielen gebraucht werden kann, oder eine größere Festivität. Grundsätzlich weiß jeder, was ein Ball ist und wie Bälle aussehen können. Wir sprechen hier von der *Oberflächenstruktur* von Sprache.

Zusätzlich hat jeder beim Hören des Wortes »Ball« seine eigenen Gedanken und Bilder im Kopf sowie seine eigenen Gefühle im Bauch. Jeder verbindet mit diesem Wort seine je eigenen lebensgeschichtlich geprägten Erfahrungen. So wird jemand, der an seinen Abschlussball denkt, vielleicht Wehmut oder Freude empfinden; wer dagegen von einem Ball einmal schmerzhaft getroffen wurde, wird eher Angst oder Unwohlsein spüren. Die eigenen Erfahrungen sind individuell gespeichert, vernetzt und zu einem Sinnzusammenhang konstruiert. Das bedeutet: Unterhalb dessen, was wir aus dem

Zusammenhang schließen können – also welche Art Ball gemeint sein könnte –, hat jeder seine ganz eigene Erlebniswelt mit Blick auf dieses kleine Wort »Ball«. Dies nennen wir die *Tiefenstruktur* von Sprache.

Die Bedeutung, die ein Mensch seinen Worten gibt, ist damit genauso einzigartig wie sein Fingerabdruck. Daher ist es auch nicht zufällig, was jemand sagt oder mit welchen Worten er etwas formuliert. In Bruchteilen von Sekunden wird er im Gespräch diejenigen Worte auswählen, die ihm aus seiner Erfahrung heraus für sein jetziges inneres Empfinden als die bestmöglichen erscheinen.

Ein Modell, das beim Verstehen des Zusammenhangs zwischen der Oberflächenstruktur und der Tiefenstruktur von Sprache hilft, ist das sogenannte »Eisbergmodell«.[8]

Bei einem Eisberg sind rund 20 Prozent der Masse oberhalb der Wasseroberfläche und 80 Prozent unterhalb. Man sieht als Betrachter auf dem Wasser also immer nur einen kleinen Teil des Ganzen. Übertragen auf Sprache und Kommunikation bedeutet dies: Wir hören zwar die Worte, die das Gegenüber ausspricht, also oft Fakten und Informationen. Der große Teil an Gefühlen, Wertvorstellungen, Motiven für das jeweilige Handeln und konkreten Füllungen aus der Erfahrungswelt des Sprechers bleibt jedoch verborgen. Wir »hören« nur die mittels der Sprache dargebotene Oberfläche. Die darunterliegende Tiefe mag zu erahnen sein. Sie bleibt aber in ihren genauen Konturen ohne nähere Kenntnisse nicht zugänglich und einsehbar. Dies gilt übrigens für Anfragende wie Gesprächsführende gleichermaßen: Denn natürlich haben auch die Worte des Gesprächsführenden jeweils eine Tiefenstruktur, die für den Anfragenden nicht ohne Weiteres sichtbar ist.

In einem Gespräch, das auf den Punkt kommen will, ist es für Sie als Gesprächsführende:r nun von zentraler Bedeutung, möglichst nicht die eigene, sondern die Sprache des Anfragenden zu nutzen. Denn nutzen Sie lediglich Ihre eigene Sprache und Ihre eigenen Worte, bewegen Sie sich schwerpunktmäßig in Ihrer eigenen Erlebniswelt und Tiefenstruktur. Nutzen Sie hingegen die Sprache und Worte des Anfragenden, muss er nicht erst versuchen, Sie als Gesprächsführende:n zu verstehen. Beiden Seiten bleibt ein Übersetzungsprozess des Gehörten in die eigene Sprache erspart. Dies

wirkt sich vor allem positiv auf den Anfragenden aus. Denn stellen
Sie als Gesprächsführende:r Ihre Fragen mit den Worten des Anfragenden, können diese ohne Transformation und unmittelbar in die
Tiefenstruktur hineinwirken. So kann er leichter eine Lösung finden,
die aus dem Problem herausführt. Grafisch sieht das wie folgt aus:

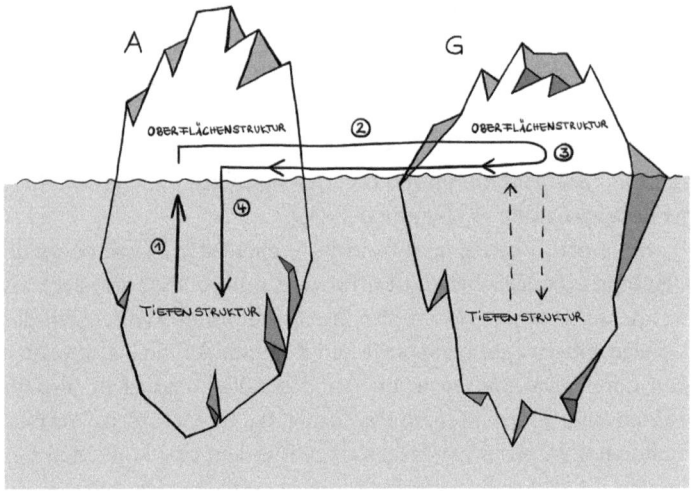

Abb. 4

Aus der Tiefenstruktur des Anfragenden (1) kommt über die Oberfläche der Sprache eine Aussage an den Gesprächsführenden (2).
Dieser geht nun nicht mit Bildern und Worten aus seiner Tiefenstruktur auf das Gesagte ein, sondern bleibt auf der Oberfläche der
Sprache. Er formuliert mit der Sprache des anderen die nächste
Intervention (3), damit diese in der Tiefenstruktur des Anfragenden
etwas bewirken kann (4).

Natürlich kann der Gesprächsführende nicht vermeiden, dass
sich auch bei ihm immer wieder innere Bilder zu dem Gesagten
einstellen. Es lässt sich aber lernen, diese nicht mit eigenen Worten
zurückzugeben, sondern sich stattdessen vorrangig auf der Sprachebene des Anfragenden zu bewegen. Dies setzt voraus, dass Sie als
Gesprächsführende:r nicht versuchen, von Ihren Erfahrungen aus
das Gehörte zu interpretieren. Und Sie werden auch keine Rat-

schläge aus dem eigenen Erleben geben, denn auch dann ist die Gefahr sehr groß, einseitig aus der eigenen Tiefenstruktur zu denken. Stattdessen tun Sie als Gesprächsführende:r gut daran, die Worte des Anfragenden aufzunehmen, um durch Nutzung dieser in die Tiefe des Gegenübers zu kommen und so das Gespräch auf den Punkt zu bringen. Damit ist es Ihnen zwar nicht möglich, alles zu »verstehen«, was der andere sagt. Andererseits *miss*verstehen Sie ihn aber auch nicht, was immer gesprächsverlängernd ist.

Um sich die Differenz zwischen Oberflächen- und Tiefenstruktur spielerisch zu vergegenwärtigen – machen Sie doch einmal ein kleines Experiment. Bitten Sie einen Ihnen nahestehenden Menschen, sich mit Ihnen zusammenzusetzen und zu assoziieren, an was sie bei einem bestimmten Wort denken (z. B. beim Begriff »Freundschaft« oder »Glück«). Schreiben Sie dazu getrennt voneinander eine Minute lang alles auf, was Ihnen zu dem jeweiligen Begriff einfällt. Vergleichen Sie anschließend Ihre Ergebnisse. Alle Begriffe, die Sie nicht beide auf dem Blatt haben, streichen Sie durch. Wie viele Begriffe stimmen überein? Nur da haben Sie beide ein annähernd gleiches Verständnis. Bei allen anderen Assoziationen differiert die Tiefenstruktur.

Bei der Sprache des Gegenübers andocken

Um das Gespräch auf den Punkt zu bringen, ist also die Sprache des Anfragenden viel entscheidender als die des Gesprächsführenden. Aber wie lässt sich diese Sprache nun adäquat aufnehmen?

Nehmen wir ein Beispiel. Sie werden angesprochen:

> *A: Ach, wissen Sie, das mit der Abteilungsleitung geht so nicht weiter!*

Vermutlich gehen Ihnen – ähnlich wie bei dem Beispiel mit dem Ball – bei einer solchen Aussage einige Gedanken, Ideen, Vorstellungen, aber auch Gefühle durch den Kopf.

Natürlich können Sie reagieren mit: »Ist das für Sie eine kniffelige Situation?« Oder: »Ja, da haben Sie recht. Das habe ich mir auch schon überlegt!« Dann aber bleiben Sie als Gesprächsführende:r in Ihrer eigenen Welt und nehmen zudem die Worte Ihres Gegenübers nicht auf. Ob dann bei solchen Äußerungen das Erleben des

Anfragenden getroffen wird, ist eher wie Lottospielen: Es hängt vom Zufall und Glück ab, ob Sie einen Treffer landen.

Zielführender ist es, die Worte des Gegenübers aufzunehmen, z. B.:

> *G: So nicht – wie geht es dann weiter* ↓

Hierbei wird über das vom Anfragenden benutzte Wort »gehen« beim Gegenüber *angedockt* und mit dem Wort »gehen« eine neue, zukunftsgerichtete Frage formuliert. »Andocken« ist dabei ein aus der Sprache der Raumfahrt entnommener Begriff. Im Weltall muss ein Shuttle passgenau an die Raumstation andocken. Nur dann kann ein Austausch von Mensch und Material reibungslos gelingen. Übertragen auf die Kommunikation bedeutet dies: Je genauer seitens des Gesprächsführenden angedockt wird, desto einfacher und intensiver können die tatsächlich wichtigen Informationen ausgetauscht werden. Das hilft enorm, Gespräche auf den Punkt zu bringen.

Den Unterschied zwischen einem sprachlich ungenauen Andocken und einem passgenauen Andocken mögen folgende zwei Beispiele verdeutlichen, die jeweils mit der gleichen Eingangsaussage beginnen. Zunächst das weniger passgenaue Andocken:

> *A: Ich finde es nicht so leicht, diese Aufgabe zu erledigen.*
> *G: Was macht Ihnen Mühe* ↓
> *A: Ach, Mühe – es ist nun mal nicht so leicht, zwischen den ganzen*
> *Anforderungen auch diese Aufgabe noch zu erledigen.*
> *G: Was ist denn so komplex* ↓
> *A: Eigentlich habe ich die Aufgabe schon verstanden und durchschaut,*
> *also komplex ist sie nicht.*

Hier nutzt der Gesprächsführende nicht die Worte des Anfragenden, sondern Begriffe aus seinem eigenen Erfahrungshorizont. Die Worte »Mühe« und »komplex« sind Begriffe aus der Welt des Gesprächsführenden. Die versteht das Gegenüber zwar irgendwie, führen ihn aber in eine Gedankenwelt, die in diesem Moment nicht die seine ist. Missverständnisse und Missverstehen sind hierbei wahrscheinlicher, das Gespräch wabert in eine wenig zielführende Richtung.

Auf den Punkt kommt das Gespräch, wenn Sie als Gesprächsführende:r mit der Sprache des Gegenübers fragen:

> A: Ich finde es nicht so leicht, diese Aufgabe zu erledigen.
>
> G: Was erleichtert es Ihnen ↓
>
> A: Leichter wäre es, wenn jemand, der die Aufgabe schon einmal erledigt hat, mir bei den ersten Schritten helfen würde.
>
> G: Wer kann Ihnen helfen ↓
>
> A: Herr Müller hat mir dazu schon einiges gesagt. Er scheint die notwendige Erfahrung mitzubringen.

Hier nimmt der Gesprächsführende das vom Gegenüber negativ verwendete Wort »leicht« auf und wendet es in eine positive Richtung. Anschließend wird das Wort »helfen« aufgenommen und nach einer optionalen Ressource gefragt. Das Gespräch kommt sehr schnell auf einen zielgerichteten Punkt.

Schafft man es, richtig anzudocken und bei der Sprache des Anfragenden zu bleiben, dann signalisiert der Gesprächsführende: »Ich konzentriere mich, ich höre genau zu.« Für den Anfragenden bedeutet dies: »Ich werde mit meinen Sorgen und Problemen wahrgenommen, man hört mir zu. Das hilft mir!« Durch ein solches Zuhören und Aufnehmen der Worte fühlt sich der Anfragende wertgeschätzt, denn er merkt, dass ihm *genau* zugehört und ihm sein Nachdenken und Antworten erleichtert wird. Er kann für sich klären, was für ihn der richtige Weg aus dieser problematischen Situation ist. Er muss sich nicht erklären oder rechtfertigen, noch muss er sich um das Verstehen der Worte des Gesprächsführenden kümmern.

Hier ein weiteres Beispiel, in dem sprachliches Andocken konsequent umgesetzt wird:

> A: Ich lebe jetzt schon viele Jahre hier in der Stadt. Ich schaffe es einfach nicht, Freundschaften zu schließen. Ich weiß nicht, wie ich das machen soll. Hier geht ja jeder seinen eigenen Weg.
>
> G: Wie schließen Sie bislang Freundschaften ↓
>
> A: Mir ist es schon immer schwergefallen, auf Menschen zuzugehen. Ich bin da sehr zurückhaltend. Eigentlich haben mich immer andere Menschen angesprochen.

G: Was spricht Sie an ↓
A: Eigentlich war es immer dann, wenn ich mit anderen etwas zusammen
  gemacht habe und wir Spaß miteinander hatten?
G: Woran werden Sie künftig Spaß haben ↓
A: Also zum Beispiel etwas spielen. Am liebsten etwas Sportliches.
G: Und – was kann das ganz konkret sein ↓

Durch eine solche Gesprächsführung ist schnell ein Fokus gesetzt. Ressourcen werden erkannt und die Gesprächsführung ermuntert zu einer konkreten Aktivierung.

Das ganze Wortfeld nutzen

Beim sprachlichen Andocken geht es darum, sich aus den vom Gegenüber dargebotenen Worten eines oder mehrere herauszunehmen und sie zu nutzen. Dies darf durchaus kreativ geschehen! Denn Sie müssen das Wort nicht unbedingt wortwörtlich aufnehmen, sondern können das zu dem Wort jeweils dazugehörige ganze *Wortfeld* nutzen, d. h. die gesamte Gruppe der zu diesem Wort gehörenden bedeutungsähnlichen bzw. bedeutungsverwandten Wörter. Bei Impulsen aus dem Wortfeld ist zwar ein minimaler Übersetzungsprozess vonseiten des Anfragenden vonnöten. Aber diese Variante regt auch die Fantasie an.

Nehmen wir folgendes Beispiel:

A: Ich weiß nicht, was ich machen soll.

Sie können jetzt beim Wort »wissen« andocken. Wenn Sie kurz überlegen, welche Worte alles zum Wortfeld »wissen« gehören, werden Sie vermutlich schnell fündig: gewiss sein, Wissen, Gewissheit über etwas haben, wissbegierig sein, Weisheit (haben). Damit haben Sie eine Vielzahl an Möglichkeiten, eine andockende Frage zu formulieren:

G: Welches Wissen brauchen Sie ↓
  Wessen sind Sie sich gewiss ↓
  Was ist gut jetzt zu wissen ↓

Es lässt sich hier in verschiedene Richtungen fragen, wobei stets bei der Sprache des Gegenübers angedockt wird und damit der Transfer in seine Tiefenstruktur erleichtert wird.

In den meisten Sätzen gibt es mehrere Worte, an die angedockt werden kann. So haben Sie bei dem genannten Beispiel auch die Möglichkeit, bei dem Wort »machen« anzusetzen. Das Wortfeld »machen« umfasst unter anderem auch noch Macht und machbar. Auch damit kann angedockt werden:

> G: *Was wollen Sie machen* ↓
> *Was steht in Ihrer Macht* ↓
> *Was ist für Sie jetzt machbar* ↓

Mit den Wörtern aus dem jeweiligen Wortfeld lässt sich also äußerst kreativ umgehen. Je nach Wort bzw. Verb lässt sich mit einer Vielzahl an Vorsilben experimentieren: Aus »gehen« kann dann weiter-gehen, weg-gehen, hin-gehen, raus-gehen, aus-gehen, um-gehen und anderes mehr werden. Der Möglichkeiten sind – je nach Wort – viele.

Auch ist es möglich, aus einem Substantiv ein Verb oder Adjektiv zu formen. Aus »Gedanke« kann »denken«, aus »Meinung« »meinen«, aus »Mut« »mutig« usw. werden. Solche Umwandlungen machen das Fragen letztlich flüssiger. Aber es geht auch umgekehrt. Aus einem Verb oder Adjektiv kann ein Substantiv geformt werden. Dann kann aus »halten« »Haltung«, aus »bewirken« »Wirkung«, aus »teilen« »Teilhabe« werden.

Wenn Sie das Andocken und das Nutzen von Wortfeldern einmal für sich entdeckt und eingeübt haben, wird es Ihre Kommunikation in vielen Lebensbereichen nachhaltig verändern.

Kostbarkeit 2: Richtig gute Fragen stellen

Wenn Sie auf den Punkt kommen wollen, scheinen Fragen zunächst einmal nicht das erste Mittel der Wahl zu sein. Denn wer etwas fragt, möchte vom Gesprächspartner eine zusätzliche Information, etwas, das noch nicht zur Sprache kam. Fragen verlängern also eher die Kommunikation, als sie zu verkürzen. Genau diesen Effekt wollen

wir vermeiden. Wir wollen durch Fragen auf den Punkt kommen –
wie kann das geschehen?

Zunächst sei gesagt: Nicht alle Äußerungen des Gesprächsführenden sind Fragen. Er kann eigene Positionen formulieren, er
kann Aussagen weiterführen oder auch bewusst eine Aussage akzentuiert wiederholen. Manchmal gibt der Gesprächsführende auch
einen stummen Impuls, indem er z. B. die Augenbrauen hochzieht,
mit dem Kopf nickt oder einfach schweigt. Auch so können in einem
Gespräch Impulse gesetzt werden. Doch die überwiegende Anzahl
der Impulse dürften nach wie vor Fragen sein.

Wirklich »falsche Fragen« gibt es nicht. Wie schon eingangs gesagt, führen viele Wege nach Rom und zum Ziel. Von den verschiedenen Fragen und Frageformen gibt es aber solche, die ein Gespräch
eher in die Länge ziehen, und solche, die helfen, das Gespräch in die
Tiefe und auf den Punkt zu bringen. Schauen wir uns beide Arten
des Fragens näher an:

Fragen, die ein Gespräch in die Länge ziehen

Drei Arten von Fragen gehören hierzu:

Informationsfragen

Diese Fragen beginnen meist mit den Fragepartikeln »Wer«, »Wo«
oder »Wann«. Sie erfragen Einzelheiten aus den Problemschilderun-
gen des Anfragenden. Sie gründen meist auf der Annahme, dass in
möglichst großer Detailkenntnis der Schlüssel zur Lösung des Problems liegt. Wie der Arzt bei einer medizinischen Anamnese versucht sich der Fragende, einen möglichst genauen Überblick über
den Zustand des Gegenübers zu verschaffen. Weiß ich erst genug –
so seine Annahme –, wird sich auch die Lösung einstellen.

Dies merkt der Anfragende mit der Zeit und ist nun seinerseits
bemüht, den Gesprächsführenden mit immer neuen Details zu
versorgen. Außerdem schmeichelt ihn das Interesse, das der Fragende auch für scheinbare Belanglosigkeiten hat. Der Effekt ist:
Das Gespräch kommt nicht auf den Punkt, sondern verliert sich in
Einzelheiten. Am Ende ist der Fragende zwar ähnlich gut über das
Problem informiert wie der Gesprächspartner – aber in der Regel
auch genauso weit von einer Lösung entfernt.

Fragen zu Ursache und Wirkung

Diese Fragen beginnen meist mit den Fragepartikeln »Wieso«, »Weshalb« oder »Warum« und fragen nach Begründungszusammenhängen. Ihnen liegt die Überzeugung zugrunde, dass es eine Ursache für all das Übel geben müsse, das da vorgebracht wird. Hat man diese Wurzel allen Übels erst erkannt und ausgerissen, hat sich auch das Übel erledigt.

In der Regel ist die Ursache aber schwer zu finden und die Suche entsprechend langwierig. Läge sie klar vor Augen, hätte der Anfragende vermutlich nicht das Gespräch gesucht. Zudem sind Fragen nach Ursache und Wirkung rückwärtsgerichtet: Sie fragen in die Vergangenheit, statt Zukunftsperspektiven zu eröffnen. Und selbst wenn man den Ursprung klar umreißen könnte, heißt es noch nicht automatisch, dass man damit schon eine Lösung hat. Außerdem haben Fragen nach Ursache und Wirkung die unangenehme Eigenschaft, den Befragten in Erklärungsnot zu bringen, und setzen ihn manchmal sogar unter Rechtfertigungsdruck. Die Frage »Warum hast du das gemacht?« bringt eher Erklärungen und Entschuldigungen für den Status quo hervor, als dass sie zu einer Lösung beiträgt.

Geschlossene Fragen

So gestellte Fragen beginnen z. B. mit »Meinst du nicht auch, dass …?« oder »Ist es nicht so, dass …?« und können kaum anders als mit Zustimmung, Ablehnung oder Ausweichen beantwortet werden, also meist mit »Ja«, »Nein« oder »Vielleicht«. Sie legen den Befragten auf eine bestimmte Aussage fest und dienen in erster Linie der Selbstvergewisserung des Gesprächsführenden. Es ist auffällig: Je schwieriger ein Gespräch wird, desto mehr geschlossene Fragen werden gestellt. Die Enge der Antwortmöglichkeit suggeriert dem Gesprächsführenden, dass er das Gespräch besser »im Griff behalten« kann. Dabei ist das Umgekehrte der Fall: Der Befragte wird auf eine Antwort festgelegt, die ihm keinen Spielraum lässt und daher seine Meinung nur zum Teil abdeckt. Diese Unschärfe erweist sich im weiteren Verlauf des Gespräches als nachteilig: Mit viel Aufwand muss dann »nachjustiert« werden, was das vorherige »Ja« oder »Nein« genau bedeutete.

Nicht immer können Sie diese drei Arten von Fragen vermeiden. Ein gewisses Maß an Information ist nötig. Auch ist es manchmal wichtig zu wissen, warum jemand genau so gehandelt hat und nicht anders. Und manchmal ist es auch gut, im Gespräch mittels einer geschlossenen Frage einen Punkt zu setzen, hinter den man dann nicht mehr zurückkehrt. Doch wollen Sie Gespräche wirklich auf den Punkt bringen, empfehlen wir eine andere Art von Fragen, die sogenannten »mäeutischen Fragen«.

Fragen, die ein Gespräch auf den Punkt bringen

Mäeutische Fragen gehen auf den Philosophen Sokrates zurück. Dieser hat seine Gesprächshaltung und -technik als »Mäeutik«, als »Hebammenkunst«, beschrieben. Wer je bei einer Geburt dabei war, weiß, dass man mit Gewalt oder Hektik nichts bewirken kann. Damit schädigt man im schlimmsten Fall Mutter und Kind. Begleitet man dagegen die Geburt aufmerksam und unterstützend, so bringt die Mutter im Idealfall ganz von allein das neue Leben zur Welt. Dies kann auch für Gespräche gelten. Der Gesprächsführende agiert in Form eines Geburtshelfers und hilft so dem Anfragenden, das, was in ihm ist, »zur Welt zu bringen«. Am Ende dieses kommunikativen Geburtsprozesses steht dann nicht immer ein vollkommen neues Leben, aber zumindest eine veränderte Sicht der eigenen Situation und damit eine neue Lebens- und Handlungsperspektive.

So wie es drei Arten von Fragen gibt, die es zu vermeiden gilt, wenn das Gespräch auf den Punkt kommen soll, gibt es in der Mäeutik drei Arten des Fragens, die den kommunikativen Geburtsakt unterstützen:

Zukunftsorientiertes Fragen

Die zukünftigen Möglichkeiten, auch wenn sie bisher noch nicht sichtbar sind, bestimmen die Richtung der Fragen. Die Fragerichtung geht auf erreichbare Ziele, vorhandene Ressourcen, kreative Lösungen und den ersten Schritt ein.

A: Das Ganze belastet mich stark.

G: Welche Last können Sie am ehesten abwerfen ↓

A: Ich weiß nicht, wohin das noch führen soll.
G: Wie bekommen Sie Gewissheit ↓

A: Ich habe so viele Probleme.
G: Welches werden Sie als Erstes angehen ↓

Diese Fragen erreichen den Gesprächspartner auf direktem Weg. Sie eröffnen Perspektiven, ohne sich lange mit den komplizierten Verwicklungen in der Vergangenheit aufzuhalten. Manch einem erscheint dies zu einfach, nach dem Motto »Schau nicht nach hinten, schau nach vorne!« So einfach ist es sicher nicht. Und doch ist es immer wieder erstaunlich, wie schnell Menschen bereit sind, sich dieser Richtung anzuvertrauen, wenn die Fragen der skizzierten Haltung des Kurzgespräches entspringen. Auf dieses vertrauensvolle Einlassen des Gegenübers gilt es vorbereitet zu sein. Dem Willen zur Öffnung aufseiten des Anfragenden muss der Mut zur Tiefe aufseiten des Gesprächsführenden entsprechen. Wer sein Innerstes öffnet, der möchte auch zuverlässig aufgefangen werden.

Zur Selbsterkundung anregendes Fragen

Selten spricht jemand gegenüber einem Außenstehenden ein Problem an, ohne dass er es nicht schon vorher mit einer Person seines Vertrauens besprochen hätte, sei es die Partnerin, die Eltern, eine Freundin, ein Kollege oder wer auch immer. Zumindest mit sich selbst ist er schon zurate gegangen und hat hin und her überlegt, wie das zugrundeliegende Problem gelöst werden könnte. Eine Lösung ergab sich dabei offensichtlich nicht. Nun startet er einen neuen Versuch. Naheliegende Lösungsangebote wird er daher meist als bereits erprobt und nicht Erfolg versprechend ablehnen. Will man dem Anfragenden dazu verhelfen, etwas Neues »zur Welt zu bringen«, dann kann es nicht darum gehen, in genialer Weise die Lösung zu finden, auf die der andere bisher bei all seinem Nachdenken nicht gekommen ist. Es geht um eine veränderte Sichtweise. Mäeutische Fragen wollen einen kreativen Reflexionsprozess auslösen: Der Anfragende soll verschüttete Ressourcen, alternative Handlungsweisen und veränderte Perspektiven in den Blick nehmen.

A: Das Ganze belastet mich stark.
G: Was kann Sie stärken ↓

A: Niemand weiß, wohin das noch führen soll!
G: Wohin wollen Sie das Ganze führen ↓

A: Ich habe so viele Probleme.
G: Welches ist das drängendste ↓

Ein Stocken, Stottern, abgebrochene Sätze oder längere Pausen sind hörbare Zeichen eines solchen Reflexionsprozesses.

Redundantes Fragen

Eine richtig und gut formulierte mäeutische Frage führt nicht zwangsläufig dazu, dass der Anfragende unmittelbar etwas »zur Welt bringt«. Erfüllen Fragen die ersten beiden Kriterien der Zukunftsorientierung bzw. der Selbsterkundung, sind sie zielorientiert, können aber auch unangenehm sein. Der Gefragte muss sich mit dem beschäftigen, von dem er zwar selbst ahnt, dass es ihm guttun würde, aber das er bisher nicht umzusetzen wagte. Oder schlicht für abwegig, vielleicht sogar unmöglich hielt. So weicht er aus, geht nur zum Teil darauf ein oder überhört die Frage schlichtweg. In diesem Fall ist es als Gesprächsführende:r sinnvoll, *redundant* (wiederholend) zu fragen. Redundant fragen heißt:
- wörtlich wiederholen
- Tonfall, Pausen und Betonung variieren
- den Wortlaut variieren
- manchmal auch liebevoll insistieren

Nicht jede mäeutische Frage »passt« sofort und eröffnet unmittelbar neue Sichtweisen und Handlungsoptionen, genau wie in den seltensten Fällen die erste Wehe sofort das neue Leben zur Welt bringt. Deshalb ist zuweilen Redundanz wichtig und angesagt. Liebevoll und akzentuiert wiederholt ist die Wahrscheinlichkeit hoch, dass die gestellte Frage schließlich ihr Ziel erreichen wird.

A: Ich glaube, ich kann das nicht mehr. Ich werde meinen Mann verlassen.

> G: *Wie können Sie das* ↓
> A: *Also vorher muss ich erst einmal alles Mögliche regeln. Zum Beispiel ...*
> G: *(Unterbricht): Entschuldigen Sie, Frau X. Wie können Sie das* ↓
> A: *Ach, das ist ja auch gar nicht so einfach. Mein Mann ist Alkoholiker,*
> *der bringt sich um oder zündet im Suff noch das ganze Haus an.*
> G: *Was können Sie dann* ↓
> A: *(Pause) Ich schaffe das nicht. Ich habe das schon so oft gesagt.*
> G: *Und was schaffen Sie* ↓
> A: *Ich glaube, ich ziehe erst einmal für eine Woche zu unserem Sohn. Der*
> *hat ein Gästezimmer, da kann ich bleiben. Und schaue, was passiert.*

Weitere kommunikative Werkzeuge

Nicht jede Geburt verläuft komplikationslos. Deshalb haben Hebammen und Geburtshelfer:innen eine Reihe von Tipps und Tricks bis hin zu medizinischen Werkzeugen dabei, um das Ganze gelingen zu lassen. Gleiches gilt, wenn man ein Gespräch auf den Punkt bringen will. Es gibt eine Reihe von Werkzeugen, die den kommunikativen Geburtsakt unterstützen. Sie unterstützen die mäeutische Arbeit, runden sie ab, machen sie besonders effektiv und leisten Hilfe in schwierigen Gesprächsphasen.

Einige dieser Werkzeuge wollen wir Ihnen hier vorstellen (im Überblick zusammengestellt finden Sie diese in Kapitel VI).[9] Leider gibt es kein »Universalwerkzeug«, das für jede kommunikative Situation passt. Es hilft nur aufmerksames Zuhören und behutsames Ausprobieren, welches Werkzeug im Moment das richtige ist.

Einige der Werkzeuge lassen sich verwenden, wenn der Gesprächspartner eine bestimmte Ansatzstelle anbietet. So kann man einen Satz *vervollständigen lassen*, wenn er vorher unvollständig stehengelassen wurde:

> A: *Ich fühle mich so leer ...*
> G: *Leer wie ein ...* ↓
> A: *Ich habe keine Ahnung ...*
> G *Keine Ahnung von ... was* ↓

Ein (positives) *Pendant* lässt sich einbringen, wenn es zu der jeweiligen Aussage ein passendes (und treffendes) Pendant gibt:

A: In mir wird alles zu eng.
G: Was kann es wieder weiten ↓

A: Das ist schwer!
G Wie wird es für Sie leichter ↓

A: Was soll ich tun?
G: Was können Sie lassen ↓

Andere Werkzeuge dagegen brauchen keine bestimmte Ansatzstelle. Der Gesprächsführende kann z. B. eine Aussage *präzisieren* lassen:

A: Ich kann sagen, was ich will, es nützt nichts!
G: Welchen Nutzen hat Sprechen dann ↓

A: Meine Frau ist fernsehsüchtig!
G: Was genau heißt »süchtig« für Sie ↓

Der Gesprächsführende kann auch (humorvoll) übertreiben und
damit eine *Aussage ad absurdum* führen, um den Anfragenden aus
seinem bisherigen Denken herauszulocken:

A: Ich kann sagen, was ich will, es nützt doch nichts!
G: Dann sagen Sie einfach gar nichts mehr ↓

A: Meine Frau ist fernsehsüchtig!
G: Und wenn der Fernseher ausfällt, hat sie Entzugserscheinungen ↓

Auch *liebevolle Übertreibungen* können sehr wirksam sein. Bei diesen ist allerdings wichtig, dass viel positive Zuwendung spürbar ist:

A: Alle wenden sich gegen mich ...
G: Die ganze Welt ist gegen Sie ↓

A: Ich werde ständig übergangen ...
G: 24 Stunden am Tag ↓

Beim Einsatz all dieser Werkzeuge ist der Übergang vom »Verstehen« zum »Verstören« fließend bzw. es ist nicht exakt vorhersehbar, welchen Effekt die Intervention mit einem bestimmten Werkzeug auf den Gesprächspartner hat. *Fokussieren* soll eigentlich klären, kann aber auch verwirren:

> A: *Das Ganze liegt wie ein Puzzle vor mir.*
> G: *Mit welchem Teil fangen Sie an* ↓
> A: *Das ist eine schwierige Frage ...*

Genauso kann die *Umwandlung eines Konjunktivs in einen Indikativ* entweder verstören oder aber zum Verstehen führen:

> A: *Ich würde das schon tun wollen.*
> G: *Wann werden Sie das tun* ↓
> A: *Sie haben recht.* [Pause] *Es nützt nichts, das vor mir herzuschieben ...*

Wie jeder Handwerker seinen Werkzeugkoffer mit dem bestückt, womit er gut und gern arbeitet, haben natürlich auch Gesprächsführende Vorlieben für bestimmte kommunikative Werkzeuge. Ein gutes Maß an Experimentierfreude erweitert dabei gewöhnlich die Fertigkeit. Jedoch kann ein noch so gut gefüllter Werkzeugkoffer die Liebe zum eigenen Tun nicht ersetzen. Erst die entsprechende Haltung und die Fähigkeiten lassen die Arbeit mit den Werkzeugen gelingen.

Kostbarkeit 3: Entscheidendes hören

Anfangs erscheint es schwierig, innerhalb des Erzählten einen Anhaltspunkt zu finden, an dem sich fragetechnisch andocken lässt. Schließlich wird oft nicht nur ein Satz erzählt, sondern eine ganze Geschichte. Hierbei hilft es, wenn Sie beim Erzählen des Gegenübers gut darauf achten, was in dem Erzählten »Geschichte« ist und was der jeweilige »Kommentar« zur Geschichte. Denn oft finden sich gerade dort die für das Kurzgespräch wesentlichen Schlüsselworte.

Zwischen Geschichte und Kommentar unterscheiden
Nehmen wir zwei Schilderungen. Eine alleinerziehende Mutter erzählt:

*Ich muss immer lange im Homeoffice arbeiten. Kommt mein Sohn aus
der Schule, schmeißt er seine Sachen in die Ecke, holt sich aus der
Küche etwas zu essen, dreht eine Runde durchs Bad und verschwindet
schließlich auf seinem Zimmer. Bis zum Abend sehe und höre ich nichts
mehr von ihm. Ich vermute, er sitzt die meiste Zeit vor seinem Computer.
Aber mit mir reden will er nicht. Wissen Sie, die Zeiten sind nicht einfach,
ich mache mir da echt Sorgen.*

Was wäre aber, wenn sie es so erzählt hätte?

*Ich muss immer lange im Homeoffice arbeiten. Kommt mein Sohn aus
der Schule, schmeißt er seine Sachen in die Ecke, holt sich aus der
Küche etwas zu essen, dreht eine Runde durchs Bad und verschwindet
schließlich auf sein Zimmer. Bis zum Abend sehe und höre ich nichts
mehr von ihm. Ich vermute, er sitzt die meiste Zeit vor seinem Computer.
Aber mit mir reden will er nicht. Wissen Sie, die Zeiten sind nicht einfach,
aber ich bin erleichtert, wie gut wir alles hinkriegen.*

Fällt der Unterschied auf? Die Geschichte, die »Story«, ist identisch.
Lediglich der Kommentar am Ende und damit die Wertung des
Ganzen unterscheidet sich. Einmal wird am Ende das Geschehen
in eine sorgenvolle Richtung kommentiert, das andere Mal wird das
Erzählte dahingehend kommentiert, dass die Situation, so wie sie
ist, o. k. zu sein scheint. Die jeweils davorstehende Geschichte, was
der Sohn sonst alles macht und was die Mutter vermutet, könnte
dabei noch um ein Vielfaches ausführlicher und mit weiteren Details
erzählt werden, z. B.: »Im Bad hinterlässt er immer eine immense
Deowolke, sein Zimmer sieht fürchterlich unaufgeräumt aus …«
Aber solange es keinen Kommentar gibt, weiß man als Gesprächsfüh-
rende:r noch nicht, in welcher Weise jemand etwas für sich bewertet,
ob die Situation o. k., schwierig oder wie auch immer ist. Für das
jeweilige Lebensgefühl eines Menschen sind die konkreten Fakten und die Story in der Regel weitaus weniger interessant als seine

hinzugefügte Bewertung. Daher gilt es, viel weniger Aufmerksamkeit auf die Details der Geschichte zu richten, als vielmehr auf den jeweiligen Kommentar zu achten!

Allerdings sind im Erzählen längst nicht immer Geschichte und Kommentar so fein säuberlich getrennt wie in dem Beispiel oben. Und es gibt auch längst nicht immer nur einen Kommentar in dem, was uns erzählt wird. Nehmen wir ein anderes Beispiel, in dem Geschichte und Kommentar stärker ineinander verwoben sind.

> *Notenbesprechung in einem Berufskolleg. Nach dem kurzen Gespräch bleibt der Schüler sitzen. Er schaut erst eine Weile nach unten, hebt dann den Kopf und sagt:*
>
> *A: Wissen Sie, es geht mir gar nicht gut.*
> *G: Wie kann es Ihnen besser gehen ↓*
> *A: Wenn es meiner Schwester wieder besser ginge.*
> *G: Was ist mit Ihrer Schwester ↓*
> *A: Sie ist eigentlich eine total Nette. Aber sie kann halt nicht gut mit Geld umgehen. Hat immer weniger, als sie braucht. Und jetzt wollte sie unbedingt etwas haben und hat dazu bei ihrem Ausbildungsbetrieb in die Kasse gegriffen. Das war ein Riesenfehler, das weiß ich und sie jetzt auch. Sie sagt auch, sie wollte es sich nur leihen, aber die haben sofort die Polizei geholt und Anzeige erstattet: Und jetzt reden alle über sie. Aber ich halte zu ihr, egal, was ist.*

Hier sind in die Schilderung der Geschichte mehrere persönliche Kommentare eingestreut, die die Sicht des Anfragenden und seine Wertung des Geschehens wiedergeben:

Sie ist eigentlich eine total Nette.
Das war ein Riesenfehler, das weiß ich und sie jetzt auch.
Aber ich halte zu ihr, egal, was ist.

Die meisten Menschen sind intuitiv sehr gut darin, die Geschichte bis in die Einzelheiten hinein aufzunehmen. Denn Geschehnisse und »Storys« fesseln uns, zumal, wenn sie gut und spannend erzählt sind. Aber in den Kommentaren spricht der Anfragende am meisten seine eigene Sprache, das was ihn in seiner Tiefenstruktur bewegt. Und hier lassen sich am ehesten die Wörter finden, die den Weg heraus aus dem Konflikt zeigen können und an die sich andocken lässt:

Sie ist eigentlich eine total Nette.
    Was heißt »eigentlich« ↓
Das war ein Riesenfehler, das weiß ich und sie jetzt auch.
    Was müssen Sie beide noch wissen ↓
Aber ich halte zu ihr, egal, was ist.
    Was hält Sie bei Ihrer Schwester ↓

Betrachten wir die Geschichte mit einem anderen Kommentar:

> *A: Sie war eigentlich mal eine total Nette. Aber sie kann halt nicht gut mit Geld umgehen. Hat immer weniger, als sie braucht. Und jetzt wollte sie unbedingt etwas haben und hat dazu bei ihrem Ausbildungsbetrieb in die Kasse gegriffen. Das war ein Riesenfehler, aber ihr macht das scheinbar nichts! Sie sagt auch, sie wollte es sich nur leihen, aber die haben sofort die Polizei geholt und Anzeige erstattet. Und jetzt reden alle über sie. Für mich ist jetzt Schluss. Egal, was noch kommt.*

Kommentiert das Gegenüber in dieser Weise, bekäme auch das folgende Gespräch eine andere Richtung. Sie sollten dann auch anders andocken:

Sie war eigentlich mal eine total Nette.
    Was ist sie jetzt für Sie ↓
Das war ein Riesenfehler, aber ihr macht das scheinbar nichts!
    Was macht das mit Ihnen ↓
Für mich ist jetzt Schluss. Egal, was noch kommt.
    Was kommt für Sie nach dem Schlusspunkt ↓

So einleuchtend die Unterscheidung von Geschichte und Kommentar scheint, so schwierig kann sie im Einzelfall sein. Nicht immer sind das Geschehen und die Deutung vonseiten des Erzählers klar voneinander zu trennen. Lässt sich partout kein Kommentar entdecken oder ist man sich nicht sicher, gibt es die Möglichkeit, explizit zur Kommentierung aufzufordern:

A: *Jetzt ist es genau so gekommen, wie ich gedacht habe.*
G: *Und jetzt* ↓

A: *Meine Frau ist gestern ausgezogen. Nun ist sie weg.*
G: *Und nun* ↓

Das kleine Wort »und« bzw. »und jetzt« oder »und nun« wirkt hier manchmal wie ein Zauberwort. Es fordert den Anfragenden dazu auf, seine individuelle Sicht darzulegen bzw. zu kommentieren. Diese Kommentare sind dann die ergiebigsten Suchorte beim Aufspüren von Schlüsselworten.

Schlüsselworte hören

Sobald Ihr Gegenüber beginnt, sich Ihnen mitzuteilen, startet innerlich ein Übersetzungsprozess. Ihr Gegenüber hat eine Unmenge an Begriffen und Ausdrücken für das, was in ihm ist und ihn aktuell bewegt. Und nur er kennt die genaue Bedeutung und die Beziehung zu anderen Begriffen und Ausdrücken; von den damit verknüpften Bildern, Emotionen und Erfahrungen ganz zu schweigen. Will er sich nun mitteilen, so muss der Anfragende das, was ihn in seiner Tiefenstruktur bewegt, in Worte fassen, und zwar so, dass es auch der Gesprächspartner verstehen und wiederum in seine innere Sprachwelt übersetzen kann. Je komplexer und problematischer ein innerer Sachverhalt ist, desto schwieriger ist es auch, ihn auszudrücken. Aber gleichzeitig verdichtet sich das Gesagte oftmals in einem einzelnen Begriff oder Ausdruck. Das ist dann ein sogenanntes »Schlüsselwort«. Es ist das Wort, das als Letztes übrig geblieben ist, nachdem der Anfragende alle anderen, weniger passenden Worte weggestrichen hat. Ein Hochkonzentrat-Wort, in dem viel mehr steckt, als man ihm zunächst anhört. Und es ist ein Schlüsselwort für jeden aufmerksamen Gesprächsführenden, das ihm einen Zugang zur inneren Welt des Gegenübers bietet.

Führen wir das angefangene Gespräch aus dem Berufskolleg weiter:

A: *Sie ist eigentlich eine total Nette. Aber sie kann halt nicht gut mit Geld umgehen. Hat immer weniger als sie braucht. Und jetzt wollte*

*sie unbedingt etwas haben und hat dazu bei ihrem Ausbildungsbetrieb
in die Kasse gegriffen. Das war ein Riesenfehler, das weiß ich und sie
jetzt auch. Sie sagt auch, sie wollte es sich nur leihen, aber die haben
sofort die Polizei geholt und Anzeige erstattet: Und jetzt reden alle
über sie. Aber ich halte zu ihr, egal, was ist.*

G: *Was hält Sie bei Ihrer Schwester* ↓

A: *Na, wir sind doch Geschwister! Aber jetzt krieg ich es auch ab. Nur
weil ich zu meiner Schwester halte.*

G: *Festhalten ...* ↓

A: *Genau: Aber meine Eltern meinen, dass ich mich da raushalten soll.*

G: *Können Sie das aushalten* ↓

A: *Weiß nicht: Es wäre auf jeden Fall ruhiger. Aber was wird meine
Schwester denken?*

G: *Was soll sie denken* ↓

A: *Dass ich zu ihr halte. Aber das kriegt sie nicht mit: Sie ist jetzt für ein
paar Wochen raus. Zu Verwandten.*

G: *Wie kann sie das denn mitkriegen* ↓

A: *Weiß nicht ... Ich könnte es ihr schreiben.*

G: *Was halten Sie davon* ↓

A: *Das ist prima. Danke! Das mache ich.*

Das Schlüsselwort in diesem Gespräch ist »halten«. Der Gesprächsführende nimmt es auf, als es zum ersten Mal fällt, und öffnet damit
den Weg in die Tiefe. Dadurch klären sich für den ihn ansprechenden
Schüler seine »Haltung« im Beziehungsgeflecht und gleichzeitig
seine Handlungsoptionen.

Ein Schlüsselwort stammt stets aus dem Sprachschatz des Anfragenden und muss, wenn es wirken soll, wörtlich aufgenommen
werden. Nur so öffnet sich die Tür zum Inneren. Sind Sie durch die
Tür erst einmal hindurch, können Sie mit dem Schlüsselwort arbeiten, es verändern und akzentuieren (wie im Beispiel oben: halten,
festhalten, aushalten).

Das Schlüsselwort fällt oft in der Eingangsphase eines Gespräches.
Manchmal fällt es direkt im ersten Satz, in einem einleitenden Kommentar, noch bevor die eigentliche Geschichte erzählt wird. Im Beispiel oben fällt es erst nach ein paar einleitenden Sätzen. In der Regel
ist das Schlüsselwort mit leicht erhöhten stimmlichen und körper-

sprachlichen Signalen verbunden, also besonderer Betonung, Spannung im Körper, Ballen der Faust etc. Für Sie als Gesprächsführende:n ist daher erhöhte Aufmerksamkeit geboten, wenn Sie solche Signale wahrnehmen. Es hilft Ihnen, das korrekte Schlüsselwort zu erkennen und aufzunehmen.

Nur selten gelingt es auf Anhieb, das Schlüsselwort herauszuhören. Anfragende kommen im weiteren Erzählen immer wieder darauf zurück, weil es ja für sie das Geschehen in ihrer Tiefendimension optimal zum Ausdruck bringt. So haben Sie in der Regel eine gute Chance, bei aufmerksamem Zuhören das Schlüsselwort zu finden. Haben Sie es gehört, gilt es, dies aufzunehmen und das, was es in der Tiefe des Gegenübers bedeutet, mithilfe dieses Wortes aufzuschlüsseln.

In manchen Fällen können es statt eines einzigen Schlüsselwortes auch mehrere sein. Der Anfragende ist dann in seinem Inneren noch nicht so weit, das Geschehen maximal zu komprimieren. Er benutzt ähnliche, aber variierende Begriffe aus demselben Wortfeld. Dies macht es schwieriger, Schlüsselworte zu erkennen, erhöht allerdings die Zutrittschancen. Jedes dieser Worte ist dann eine Tür, die Zugang gewährt.

Das Erlauschen und Arbeiten mit Schlüsselworten ist kein intuitives Geschehen. Wie im wahren Leben braucht es auch im Gespräch ein gewisses Maß an Übung und Erfahrung, um ein guter kommunikativer Schlüsseldienst zu sein. Aber dieses Üben, ein guter Schlüsseldienst zu werden, lohnt sich. Es öffnen sich Zugänge in manchem Gespräch, die ohne diese Fertigkeit verschlossen blieben.

Kostbarkeit 4: Auf die Beziehung achten

Wenn Menschen miteinander kommunizieren, steht immer eine
Beziehung dahinter. Will man Gespräche auf den Punkt bringen,
empfiehlt es sich, von Anfang an äußerst aufmerksam auf sie zu
achten. Denn gerade im Gesprächsanfang ereignet sich mit Blick
auf die Beziehung Entscheidendes, was das ganze nachfolgende
Kommunikationsgeschehen bestimmt. Und es kostet Mühe und Zeit,
wieder zu »reparieren«, was man zu Beginn durch Unachtsamkeit
versäumt oder voreilig in Schieflage gebracht hat. Daher lohnt es sich,
von Beginn an Fragen des Mandats im Blick zu haben, auf Augenhöhe zu kommunizieren und auf offensichtliche Einladungen zur
»Problem-Wohnungsbesichtigung« nicht einzugehen.

Habe ich ein Mandat?

Der Anfang eines Gespräches kann unterschiedlichste Formen und
Formulierungen haben. Es kann seitens des Anfragenden ein sponta-
ner Redefluss, eine zögerliche Frage oder eine Sachfrage sein, hinter
der sich ein Problem verbirgt. Und nur selten gibt es in alltäglichen
und kurzen Begegnungen zu Beginn die Möglichkeit, in Ruhe Auftrag und Reichweite des anschließend Folgenden zu klären. Allerdings ist es auch in Kurzgesprächen sinnvoll, für die nötige Klarheit
zu sorgen. Wer jemals in psychologischer oder juristischer Beratung
war, weiß, dass dort die Klärung des Auftrags einen breiten Raum
einnimmt. In einem Erstgespräch wird die Sachlage erörtert, Handlungsoptionen und Chancen werden abgewogen und sich schließlich auf eine gemeinsame Linie verständigt. Daraus ergibt sich dann
das jeweilige *Mandat*, die Handlungsvollmacht für den Berater oder
Juristen, die dem expliziten Willen des Ratsuchenden entspricht.
Weil dies so wichtig ist und um Missverständnisse zu vermeiden,
wird dieses Mandat dann oftmals auch schriftlich fixiert. Das alles
passiert in kurzen Gesprächsbegegnungen nicht.

In Kurzgesprächen erfolgt die Mandatsklärung anders als im psy-
chologischen oder juristischen Kontext. Ein Blick auf den Ursprung
ist hier aufschlussreich: Das lateinische Wort »mandare« kann sowohl »anvertrauen« als auch »beauftragen« heißen. Daraus folgt:
Nicht jeder, der sich Ihnen anvertraut, gibt Ihnen damit auch schon

einen Auftrag. Daher sollte unbedingt zwischen der *Anfrage* und dem *Anliegen* unterschieden werden. Die Anfrage allein, die unspezifisch, emotional oder der Gesprächsanknüpfung geschuldet sein kann, muss noch nicht das eigentliche Anliegen sein. Ein Mandat liegt erst dann vor, wenn deutlich erkennbar ist, dass das Gegenüber Hilfe für sein Anliegen wünscht.

Sätze wie »Ich hab' gedacht, ich red' mal mit Ihnen ...«, »Wo ich Sie gerade sehe – haben Sie Zeit?« oder »Mein Nachbar ist gestern plötzlich ausgezogen. Was soll man dazu sagen?« sind zunächst einmal nur Anfragen. Wer aus solchen Anfragen unmittelbar eine Beauftragung und damit ein Mandat ableitet, tappt in eine Falle: Er wird vorschnell zum Helfer, Ratgeber oder Experten auf einer Expedition in ein unbekanntes Land, das er selbst gar nicht kennt. Um dies zu vermeiden, sollten Sie folgende Punkte beachten:

1. Wenn das Gespräch mit unklaren Problemformulierungen beginnt, ist eine *Präzisierung* unerlässlich. Denn Präzisierungen schaffen mit Blick auf das Mandat Klarheit:

   A: Ich hab' gedacht, ich red' mal mit Ihnen ...
   G: Woran denken Sie da konkret ↓

   A: Wo ich Sie gerade sehe – haben Sie Zeit?
   G: Wofür genau brauchen wir jetzt Zeit ↓

   A: Mein Nachbar ist gestern plötzlich ausgezogen. Was soll man dazu sagen?
   G: Was wollen Sie mir dazu sagen ↓

2. Um nicht vorschnell oder gar falsch mäeutisch zu fragen, sind *Problemkonstellationen und Sachfragen* voneinander zu *unterscheiden*. Probleme erfordern eine Lösung, Sachfragen hingegen eine Antwort. Sachfragen sind immer zuerst abzuhandeln. Und dazu haben Sie auch das Mandat:

   A: Entschuldigen Sie: Wo geht's hier zum Bahnhof?
   G: Dort hinten ist er!

Bei solchen Sachfragen eine mäeutische Frage zu stellen (»Was ist Ihnen am Bahnhof so wichtig ↓«) wäre absurd.

Allerdings ist zu Beginn eines Gespräches längst nicht immer klar, ob es sich bei einer Anfrage um eine Sachfrage oder um eine Problemkonstellation handelt. Erscheint beides miteinander vermischt, kann seitens des Gesprächsführenden »angetestet« werden, ob sich hinter der Sachfrage noch mehr verbirgt und ob ein Mandat zur Klärung erteilt wird. Dann kann nach einer beantworteten Sachfrage und einer kleinen, sich anschließenden Atem- und Denkpause durchaus ein Impuls zu einer persönlichen Vertiefung gegeben werden. Dadurch klärt sich, ob es ein Mandat gibt oder nicht:

A: Sag mal – du bist doch auch schon geschieden, oder?
G: Ja, das ist richtig. [Pause] Was heißt hier »auch« ↓

A: Wer bestimmt eigentlich, wann man »alt« ist?
G: »Alter« ist ein sehr persönlicher Begriff. [Pause] Wie jung fühlen Sie sich ↓

A: Sie brauchen sich um mich [kleine Pause] keine Sorgen zu machen.
G: Das freut mich zu hören ... [Pause] Gibt es sonst jemanden, um den wir uns sorgen sollten ↓

3. Sodann kann das an Sie als Gesprächsführende:n herangetragene Mandat zuweilen der in Kapitel I.1 skizzierten Haltung »Du bist der Experte für dein Problem« entgegenstehen. In diesem Fall ist eine Mandatskorrektur unerlässlich:

A: Können Sie mir helfen?
G: Schauen wir mal, wo Sie Hilfe brauchen ↓

A: Ich brauche einen Rat.
G: Worüber möchten Sie sich mit mir beraten ↓

A: Meinen Sie nicht auch, dass ...
G: Was an meiner Meinung ist Ihnen wichtig ↓

Diese Mandatskorrektur ist auch nötig, um kein Ungleichgewicht in die Beziehung zu bringen und weiterhin auf Augenhöhe zu kommunizieren.

4. Ein Mandat kann sich im Laufe des Gespräches verändern. Aufgrund zunehmender Klärung und eines entsprechenden Gedankenfortschritts mag sich das Problem und damit eine mögliche Lösung anders darstellen als zu Anfang. Als Gesprächsführende:r sollte man eine solche Mandats*erweiterung* aufmerksam wahrnehmen. Im Zweifelsfall oder um eine notwendige Klarheit über die weitere Richtung des Gesprächsgangs herzustellen, sollten Sie dies als Gesprächsführende:r auch aussprechen:

Wir reden hier also nicht mehr von ..., sondern von ...
Sehe ich das richtig, es geht jetzt um ...
Für mich stellt sich Ihre Situation nun anders dar, als Sie zu Beginn sagten: ...

In seltenen Ausnahmefällen kann es hier sogar zu einer Mandats*zurückweisung* kommen – z. B. dann, wenn die ethische Grundhaltung des Gesprächsführenden die gefundene Lösung nicht zulässt. In diesem Fall gibt der Gesprächsführende dem Anfragenden deutlich zu verstehen, dass er sich nicht weiter in diese Richtung besprechen will und kann. Der Gesprächsführende darf sich genauso wie der Anfragende die Möglichkeit offen halten, an einem selbst gewählten Punkt das Gespräch begründet zu beenden.

Je klarer Sie sich als Gesprächsführende:r an das Ihnen erteilte Mandat halten, desto weniger wird sich Ihnen im Laufe des Gespräches die Frage stellen: »Wie komme ich aus diesem (Problem-)Gespräch wieder heraus?« Denn ist das Mandat im Sinne des Anfragenden erledigt, beschließt dieser in der Regel auch das Gespräch.

Auf Augenhöhe miteinander reden
Wenn Menschen ein Gespräch beginnen, kennen sie sich gut, weniger gut oder nur flüchtig, sie sind verwandt, befreundet oder kennen sich nur vom Hörensagen. All dies bestimmt die Beziehung. Selbst

wenn man sich überhaupt nicht kennt und zum ersten Mal in Kontakt tritt, bestimmt der erste Eindruck die Beziehung. Man kann eben – wie Paul Watzlawick so treffend formulierte – nicht nicht kommunizieren. Entscheidend für den Gesprächsverlauf und sein Gelingen ist, wie sich diese Beziehung der beiden Gesprächspartner nun zueinander gestaltet. Das Verhalten des Anfragenden in der Gestaltung der Beziehung können Sie dabei kaum beeinflussen, Ihr Verhalten als Gesprächsführende:r hingegen schon.

Idealerweise wird ein Gespräch als Gespräch zweier gleichwertiger Partner geführt, also – wie man sagt – »auf Augenhöhe«. Das wird jedoch in der Praxis so gut wie nie erreicht. Neben ohnehin bestehenden Unterschieden durch Beruf, Stellung, Alter, Wissen und Status macht sich der Anfragende nicht selten von Beginn an selbst klein. Er schiebt dem Gesprächsführenden damit subtil die »Expertenrolle« zu. Und die Gefahr, diese auch anzunehmen, ist groß. Schließlich wird dem Gesprächsführenden dadurch nicht unerheblich geschmeichelt.

Ein »Klassiker« hierfür ist folgende Situation. Jemand kommt auf Sie zu und sagt:

A: Ich brauche einmal Ihren Rat.

Der Anfragende setzt Sie hier als Gesprächsführende:n direkt in die Rolle eines Experten. Ihnen wird zugetraut zu wissen, wie es weitergehen kann, wie man das Problem löst. Kurzum: Sie sind kompetent! Mit einer solchen Anfrage beginnt das Gespräch aber sofort in einer Schieflage. Diese lässt sich gut mithilfe des Bildes einer Wippe darstellen. Ideal wäre es, wenn auf Augenhöhe miteinander geredet würde, es kein »Oben« und »Unten«, kein »UP and DOWN« gäbe. Doch durch eine solche Aussage begibt sich der Anfragende direkt in eine DOWN-Position: Er sagt: »Ich weiß nicht weiter, ich habe keine Idee für eine Lösung, ich brauche dringend den Rat und die wertvolle Hilfe eines Experten.« Der Gesprächsführende hingegen wird in eine UP-Position gebracht: »Sie als Experte wissen doch bestimmt die Lösung.«

Für den Gesprächsführenden ist die UP-Position auf der Wippe zwar schmeichelhaft, denn seine Expertise wird anerkannt. Aber diese UP-Position führt auch dazu, dass er damit für die Lösung des

Problems automatisch die alleinige Verantwortung bekommt. Für
den Anfragenden hingegen ist seine DOWN-Position zunächst einmal »bequem«, da man ja dem Experten die Arbeit überlassen kann.
Das Gefährliche daran ist: Der Anfragende kann den Gesprächsführenden sehr lange dort oben auf der Wippe arbeiten lassen. Er
kann immer wieder sagen: »Das ist leider nicht die Lösung.« Und
wenn der Anfragende nach mehreren nicht genehmen Ratschlägen
dann gegebenenfalls frustriert die Wippe verlässt, schlägt der
oben sitzende gesprächsführende »Experte« unsanft auf. Das sind
Gespräche, die für beide Gesprächspartner unbefriedigend enden.

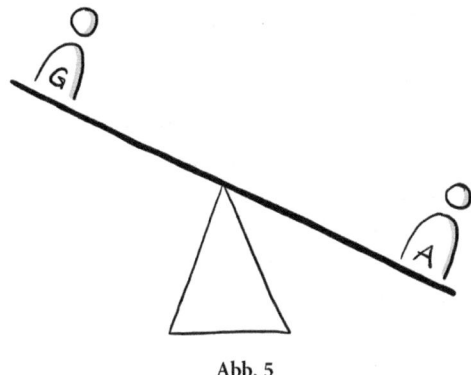

Abb. 5

Dem gilt es von Beginn an gegenzusteuern. Zum einen, damit der
Anfragende von seiner DOWN-Position wegkommt und aktiver
wird. Und zum anderen, damit Sie als Gesprächsführende:r nicht
die alleinige Verantwortung für die Lösung des Problems in der UP-
Position haben. Das Gegensteuern muss sich dann derart gestalten,
dass Sie als Gesprächsführende:r gegen die UP-Position steuern
und damit gleichzeitig den Anfragenden aus seiner DOWN-Position heben. Das kann nun bei dem eben beschriebenen Klassiker
wie folgt geschehen:

A: Ich brauche einmal Ihren Rat.
G: Was wollen Sie mit mir beraten ↓

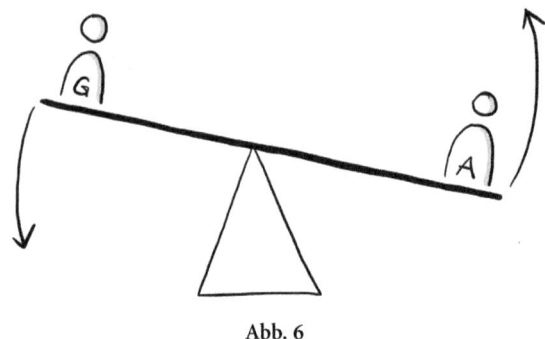

Abb. 6

Mit dieser Reaktion bekommt das Gespräch sofort eine andere Richtung. Sie machen als Gesprächsführende:r den Anfragenden nicht
nur im grammatikalischen Sinn zum Subjekt, sondern auch von der
Sache her. Es bleibt in seiner Verantwortung, mit Ihrer Hilfe eine
Antwort zu finden. Das entlastet Sie als Gesprächsführende:n. Sie
heben den Anfragenden aus seiner DOWN-Position und das Mandat wird klarer hervortreten.

Neben diesem »Klassiker« gibt es in Gesprächen immer wieder
vielfältige und oft kleinste Versuche, den Gesprächsführenden in die
UP-Position zu heben. Das Gegensteuern geschieht immer – wie im
Schaubild oben – in vergleichbarer Weise: Die DOWN-Position wird
möglichst gehoben, die UP-Position verringert:

A: Sie als Seelsorgerin können mir bestimmt helfen.
G: Was besorgt Sie in Ihrer Seele ↓

A: Sie wissen da doch sicher besser Bescheid.
G: In aller Bescheidenheit: Was wissen Sie ↓

Nicht immer sind Anfragende erfreut, wenn sie aufgefordert werden, selbst einen Weg aus ihrem Problem zu finden, denn selbst zu
arbeiten ist anstrengender, als wenn das Gegenüber es tut. Daher
versuchen manche Anfragende wieder und wieder, den Gesprächsführenden in die UP-Position zu bringen und ihre Aufgabe abzu-
geben. Dem gilt es entgegenzuwirken. Denn wie formulieren es

Britta Möhring und Thomas Schlüter so treffend: »Wenn der Berater schwitzt, hat er etwas falsch gemacht.«[10]

Nicht die ganze Problem-Wohnung besichtigen

Neben der zweifelhaften Ehre, als Gesprächsführende:r in die »UP«-Position zu kommen, gibt es ein Zweites, das die Beziehung in einem Gespräch empfindlich stören kann. Nämlich wenn der Anfragende den Gesprächsführenden zu einer Art umfassenden »Wohnungsbesichtigung« seines Problems einlädt und der Gesprächsführende dem nicht widersteht.

Naturgemäß besteht ein großer Unterschied zwischen Anfragenden und Gesprächsführenden: Der Anfragende kennt sein Problem, weiß um sämtliche Details, er ist Experte in seiner Problem-Wohnung und damit sozusagen »IN«. Sie als Gesprächsführende:r hingegen wissen zunächst nichts oder kaum etwas, sind also außen vor und »OUT«. Das möchten Anfragende normalerweise gern ändern und laden den Gesprächsführenden daher ein, mit in die Problem-Wohnung zu kommen und sich gemeinsam alles gründlich anzuschauen. Das geschieht z. B. bei Äußerungen wie:

> A: Es ist so viel Unglaubliches passiert. Ich weiß gar nicht, wo ich anfangen soll.
>
> oder
>
> Also, das zu verstehen – das ist eine lange Geschichte.

Solche Äußerungen verführen Sie als Gesprächsführende:n, nach dem »Unglaublichen« bzw. der »langen Geschichte« zu fragen. Aber wenn Sie das tun, werden Sie Schwierigkeiten bekommen, das Gespräch auf den Punkt zu bringen. Denn wenn Sie nicht intervenieren, sieht sich der Anfragende ermuntert, mehr und mehr Details zu schildern und zusätzliche Informationen zu geben. Ihre freundliche Neugier nährt beim Anfragenden die Hoffnung, dass ihm besser geholfen wird, je mehr Informationen und Details er preisgibt.

Für Sie als Gesprächsführende:r bewirkt dieses Eingehen auf Details jedoch etwas anderes: Statt einer Fokussierung gibt es eine Erweiterung des Problems. Und je länger der Anfragende erzählt, desto größer wird die Erwartung und der Druck auf Sie, dass Sie –

wenn schon so ausführlich erzählt wird – auch helfen können. In solchen Fällen lädt Sie der Anfragende – im Bild gesprochen – in seine Problem-Wohnung ein und Sie gehen unvorsichtigerweise mit hinein. Nun will Ihnen der Hausherr aber nicht nur das erste Zimmer zeigen, in dem Sie gerade stehen, sondern auch die restliche Wohnung und womöglich auch noch den Keller und das Dachgeschoss.

Abb. 7

Haben Sie sich verlocken lassen und die Einladung angenommen, wird es immer weitere Angebote geben, sich noch Zusätzliches anzuschauen und anzuhören. Die Beziehung gerät hier in eine Disbalance, weil der Anfragende sich die ganze Zeit ausschließlich auf bekanntem Terrain bewegt, der Gesprächsführende dieses hingegen mit viel Mühe erkunden muss. Um ein Problem zu lösen, sollte es jedoch umgekehrt sein: Nicht Sie sollen zum Experten in der Problem-Wohnung des Anfragenden werden, sondern der Anfragende einen ersten Schritt aus seiner Problem-Wohnung herauskommen. Dazu bedarf es, allen Einladungen zur Innenbesichtigung des Problems zu widerstehen und stattdessen den Anfragenden zu motivieren, Möglichkeiten zu finden, wie er aus seiner Problem-Wohnung einen Schritt heraustreten kann.

Das erreichen Sie, indem Sie in der Sprache des Gegenübers bleiben und versuchen, ihn im Gespräch mit seinen Worten auf den Punkt zu bringen:

> A: *Es ist so viel Unglaubliches passiert. Ich weiß gar nicht, wo ich anfangen soll.*
>
> G: *Womit genau wollen Sie jetzt anfangen* ↓
>
> oder:
>
> *Was passt für den Anfang* ↓
>
> A: *Also das zu verstehen – das ist eine lange Geschichte.*
>
> G: *An welchem Punkt dieser langen Geschichte stehen Sie jetzt* ↓

So nehmen Sie nur den wichtigsten Teil des Unglaublichen bzw. der Geschichte mit ins Gespräch. Oder im Bild gesprochen: Sie fokussieren den Anfragenden darauf, Ihnen nur das Wichtigste von seiner Problem-Wohnung zu zeigen. Dabei machen Sie deutlich: »Ich will etwas von dir und deiner Welt wissen, aber nur das, was jetzt unbedingt nötig ist.« Der Anfragende muss selbst entscheiden, was er zeigt und was nicht. Wenn er dann weiterhin versucht, Sie mit neuen Aspekten der Geschichte hineinzubitten, haben Sie einen Ansatzpunkt, zu dem Sie wieder zurückkommen können. Sie konzentrieren somit sich und Ihr Gegenüber auf den Ausweg aus der Problem-Wohnung und vermeiden gleichzeitig, zu viel Zeit und Energie in die Problembesichtigung zu investieren.

Auf IN und OUT in der Gestaltung der Beziehung zu achten, hat für Gespräche auf den Punkt große Vorteile: Der Anfragende muss sich konzentrieren, über was genau er sprechen will und wozu er eine Lösung sucht. Er wird motiviert, vom Problem wegzuschauen und nur das in den Blick zu nehmen, was sich als neue Möglichkeit eröffnet.

Der Gesprächsführende hingegen spart Energie und Zeit, weil er nicht alles, sondern nur das Wesentliche für einen guten Fortgang des Gespräches braucht.

»Wer mit dem Anfang nicht zurechtkommt, kommt mit dem Ende erst recht nicht zurecht.« Dieses Zitat von Michel Eyquem de Montaigne gilt umso mehr, wenn man Gespräche auf den Punkt bringen will. Wird das Mandat gut geklärt, die Balance bei UP–DOWN gehalten sowie die richtige Distanz bei IN–OUT gewahrt, erleichtert dies den Weg zum eigentlichen Kern der Sache und damit letztlich auch zur Lösung enorm.

Kostbarkeit 5: Unnötige Karussellfahrten vermeiden

Jede:r kennt das Phänomen, dass man von anderen mit einem Problem regelrecht überrannt werden kann. »Zugetextet« sagen Jugendliche da treffend. »Gut, dass ich Sie treffe« oder »Ich muss dir dringend was erzählen« sind typische Einstiegssätze. Und dann beginnt ein Redefluss, den man kaum stoppen, dem man sich aber auch nur schwer entziehen kann. Zunächst versucht man noch, Details der Erzählung und damit verbundene Gefühle nachzuvollziehen. Aber je länger alles dauert, desto mehr verliert man den Überblick. Zurück bleiben ein fast schwindeliges Gefühl und der Wunsch: »Ich will hier raus!«

Problemkarussell haben wir dieses Phänomen in Kapitel I.2 genannt und das aus doppeltem Grund: Zum einen, weil der Anfragende selbst keine Richtung und erst recht kein Ziel in seine Gedanken bekommt, sondern diese unentwegt kreisen. Alles, was zu dem Problem gehört, befindet sich in einem Zustand des unentwegt bewegten Durcheinanders. Und zum zweiten, weil die Gefahr besteht, dass der Gesprächsführende selbst in dieses Kreisen hineingezogen wird, also bildlich gesprochen auf dem Karussell mitfährt. Am Ende stehen dann beide oftmals schwindelig und ratlos da. Bei diesem Phänomen gibt es sowohl Karussellvarianten als auch unterschiedliche Typen von Karussellfahrer:innen.

Karussellvarianten

Idealtypisch begegnet einem das Problemkarussell in zwei Varianten. Beim *Erzählkarussell* (A) lässt vor allem die große Menge an Details den Karussellfahrer keinen klaren Gedanken fassen. Die handelnden Personen, ihre Beziehungen, was sie gesagt, getan und gelassen haben, dazu die möglichen Meinungen und unterschiedlichen Sichtweisen auf die eine oder andere Begebenheit – alles dies wird versucht, in den Blick zu nehmen und miteinander in Beziehung zu setzen. Ein schier unmögliches Unterfangen. So ist die Versuchung groß, jemand anderen in alle Einzelheiten einzuweihen. Und die Hoffnung dabei ist: Vielleicht kann dieser ja Strukturen schaffen und einen Weg hinausfinden.

Die zweite idealtypische Variante ist das *Emotionskarussell* (B). In diesem Fall sind es nicht die Details, die den Anfragenden verwirren, sondern die mit dem Problem verbundenen widerstrebenden Gefühle. Facetten von Liebe, Verantwortung, Ablehnung, Schuld, Angst u. ä. wirken so stark auf den Anfragenden ein, dass er keinen klaren Gedanken mehr fassen kann. Auch in diesem Fall ist die Versuchung groß, sich mitzuteilen. Hier ist die Hoffnung: Vielleicht gelingt es einem anderen ja, Ordnung in das emotionale Chaos zu bringen und gefühlsmäßige Sicherheit zu vermitteln.

Die Verlockung, sich als unbeteiligte Person mit in eins dieser beiden Karussells zu begeben, kann sehr groß sein. Spannend erzählte Geschichten, gut charakterisierte Personen, das große Gefühlskino – all das lässt den Gesprächsführenden nur allzu gern zusteigen und mitfahren. Oft merkt er erst zu spät, dass die Möglichkeit, das Karussell zu stoppen, als Mitfahrender äußerst begrenzt ist. Jeder Versuch der Beschwichtigung oder ein Anzeichen mangelnden Interesses wird sofort mit neuen Details oder zusätzlichen Gefühlsausbrüchen gekontert. So bleibt man länger als einem lieb ist im Kreisen und kann manches Mal nur durch einen abrupten Gesprächsabbruch und fluchtartiges Verlassen des Ortes aus dem Karussell entkommen.

Dabei sind die beiden Varianten – Erzähl- und Emotionskarussell – keine sich gänzlich ausschließenden Alternativen. Sie sind hier nur der Deutlichkeit halber als die beiden gegensätzlichen Pole beschrieben, an denen das Verhalten der handelnden Person exemplarisch deutlich wird. In der gelebten Wirklichkeit herrschen eher Mischformen vor, in denen beide Varianten variable Anteile haben. Eine der Varianten hat jedoch immer die Oberhand und prägt damit die Karussellfahrt.

Karussellfahrten auf dem Jahrmarkt stoppen irgendwann. Problemkarussele meist nicht. Aber das Problem wird durch das Kreisen nicht gelöst, sondern drängt weiterhin auf eine Lösung hin. Das potenziert sich noch, wenn ein gewisser Termindruck dazukommt, das Problem also bis zu einem konkreten Zeitpunkt gelöst sein *muss*. Sodann tritt noch Frustration hinzu, wenn sich das Problem trotz intensiver Bemühungen nicht lösen lässt. Beides zusammen erwirkt einen sich stetig steigernden Leidensdruck – was wiederum dem Kreisen neuen Antrieb gibt.

In dieser Situation gibt es nun zwei Wege. Entweder erklärt der Anfragende das Problem für unlösbar. Dann richtet er sich darin ein. Dies ist die *passive Variante* (1). Das Problem wird für den Betroffenen zum Anlass des Jammerns. Jammern enthält kein Lösungspotenzial, sondern baut entstandenen Druck durch Kommunikation ab. Wie bei einem Behälter, der zu platzen droht, wird ein Ventil geöffnet und ein Teil des Inhalts abgelassen. Das beseitigt das Problem nicht, gibt dem Jammernden aber eine gewisse Atempause. Der Jammernde will also vor allem eine Entlastung. Sein Ziel ist Stabilisierung und Aushalten seines Zustandes.

Oder aber der Anfragende erklärt das Problem für sich selbst zwar als schwierig und womöglich komplex, aber lösbar. Das ist die *aktive Variante* (2). In diesem Fall ist das Problem Grund zur Klage. Im Gegensatz zum Jammern artikuliert die Klage nicht allein den Leidensdruck, sondern enthält auch Lösungspotenzial. Der Klagende ist vor allem bestrebt, wieder ins Gleichgewicht zu kommen. Sein Ziel ist eine Veränderung seines Zustandes.

So verdoppeln sich die beiden Varianten durch die beiden unterschiedlichen Absichten auf insgesamt vier.

A1 In der *passiv-jammernden Variante des Erzählkarussells* möchte der Karussellfahrer vor allem Bestätigung für die Unmöglichkeit der Veränderung seines Zustandes. Im Gespräch wird die Unlösbarkeit des Problems anhand der puren Fülle der Details demonstriert und zugleich verifiziert. Gelingt es auch dem anderen nicht, einen Weg hinauszufinden, gibt es auch keinen. Daher wird jeder Lösungsversuch des Gesprächsführenden mit neuen Einzelheiten beantwortet, die diese Lösung unmöglich machen.

A2 In der *aktiv-klagenden Variante des Erzählkarussells* möchte der Karussellfahrer vor allem Klarheit. Auch er bringt die Fülle der Details zur Sprache, setzt aber seine Hoffnung darauf, dass er mit dem Gesprächsführenden das schafft, was ihm allein unmöglich ist: Wichtiges von Unwichtigem zu unterscheiden und so eine Handlungsoption sichtbar zu machen.

B1 In der *passiv-jammernden Variante des Emotionskarussells* will der Karussellfahrer von anderen vor allem Mitleid und Trost. Das gibt ihm die weitere emotionale Energie zum Aushalten. Deshalb schildert er seine Lage als verzweifelt und sein Handeln als wirkungslos, aber einzig möglich.

B2 In der *aktiv-klagenden Variante des Emotionskarussells* will der Karussellfahrer vor allem Solidarität. Er möchte sicherstellen, dass er mit dieser Gefühlslage nicht allein ist. Im Gespräch will er sich davon überzeugen, dass seine Emotionen »im Normbereich« sind und ihn nicht im Überschwang zu falschen Schlüssen verleiten. Anschließend kann er daran gehen, Wege aus dem Chaos zu suchen, die sich für ihn richtig anfühlen.

Bildlich dargestellt sieht das wie folgt aus:

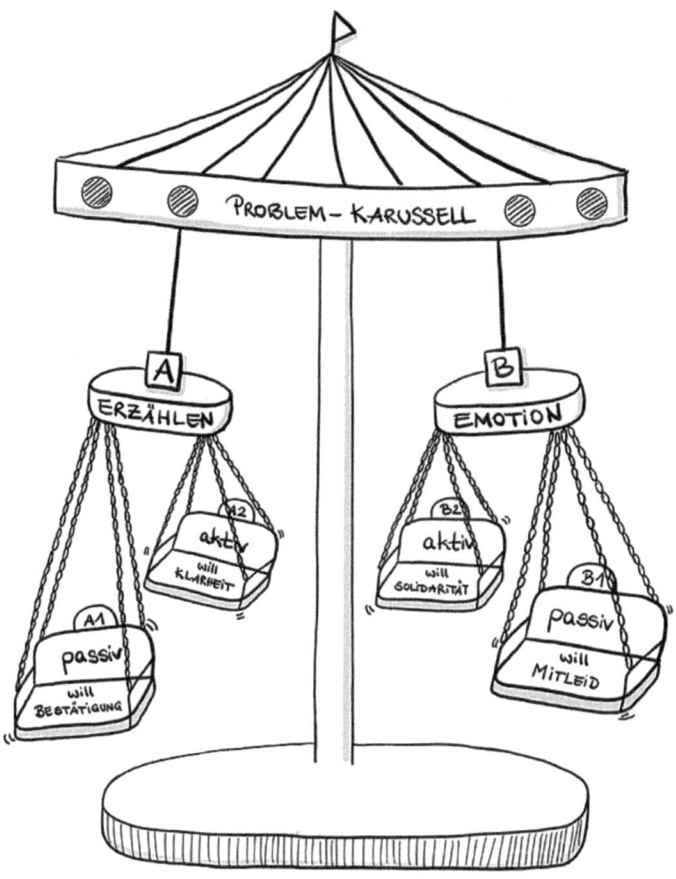

Abb. 8

Für die passiven Varianten des Problemkarussells gilt: Sie können
solche Karussellfahrten nicht wirklich stoppen, wenn der Karussellfahrer kein eigenes Interesse hat, dies zu tun. Selbst wenn Sie konsequent mäeutisch fragen, wird der Anfragende immer neue Gründe
anführen, warum ein Weg hinaus unmöglich ist. Jede zukunftsorientiert oder selbsterkundend gestellte Frage – selbst wenn sie
redundant eingebracht wird – wird umgebogen und die Karussellfahrt geht weiter. Das einzig Gute ist: Mithilfe mäeutischer Fragen
merken Sie dies ziemlich schnell. Sie haben es dann beim nächsten
Atemholen selbst in der Hand, ob Sie das Gespräch und das Karussell verlassen oder ob Sie sich noch eine Zeit lang für Trost, Mitleid
oder Bestätigung zur Verfügung stellen wollen. In beiden Fällen
jedoch kann man dies in der ruhigen Gewissheit tun, keine mögliche Problemlösung verpasst zu haben.

In der aktiven Variante heißt hingegen die Antwort: Mithilfe von
mäeutischen Fragen kann ein Stoppen des Kreisens gelingen, weil der
Anfragende selbst ein Interesse an einer Lösung des Problems hat. Sie
müssen zwar zu Anfang eine gewisse »Auslaufzeit« einkalkulieren, in
der der Drang nach Detail- bzw. Emotionsvermittlung ein rein zielorientiertes Vorgehen verhindert. Diese »Auslaufzeit« wird jedoch
umso kürzer, je weniger der Gesprächsführende mit Impulsen ein-
greift und das Karussell damit wieder in Schwung bringt. Wenn ausreichend Klarheit erzielt und Solidarität gespürt wurde, verlangsamt
sich das Kreisen deutlich. Wenn nun konsequent zukunftsorientiert,
selbsterkundend und redundant gefragt wird, wird aus dem Kreisen
eine gerade, zielgerichtete Bewegung. Ein Weg heraus und vor allem
ein Weg wohin wird sichtbar. Dies gibt dem Anfragenden den Mut,
das Karussell zu verlassen.

Typen im Karussell

Es gibt verschiedene Typen von Karussellfahrenden, die sich anhand
ihrer Worte und Formulierungen erkennen lassen. Diese Formulierungen geben wichtige Anhaltspunkte, wie die mäeutischen Fragen
formuliert sein sollten, damit der Karussellfahrer veranlasst werden kann, auszusteigen. Am häufigsten kommen die im Folgenden
beschriebenen fünf Typen vor.

Der Opfertypus

Dieser Fahrer im Problemkarussell empfindet sich als Opfer zufälliger Schicksalsmächte oder gezielter Attacken seines sozialen Umfeldes. Er selbst hat seiner Ansicht nach nichts oder nur sehr wenig dazu beigetragen. Vor allem sieht er sich als unfähig an, sich aus dieser Position zu befreien. Als Gesprächsführende:r fühlt man sich aufgefordert zu helfen, genauer: dem Anfragenden aus der *Opfer*rolle herauszuhelfen. Sätze, anhand derer dieser Typus erkannt werden kann, sind z. B.:

Die anderen schaffen alles, ich schaffe nichts.
Keiner kommt mich besuchen.
Ich werde ständig von allen gemobbt!

Will man ihn dazu bewegen, das Karussell zu verlassen, braucht es einen Rollenwechsel: Das Gegenüber sollte sich nicht weiter als Opfer sehen, sondern wieder selbst zum Handelnden werden.

A: Die anderen schaffen alles, ich schaffe nichts.
G: Was wollen Sie schaffen ↓

A: Keiner kommt mich besuchen.
G: Was suchen Sie ↓

A: Ich werde ständig von allen gemobbt!
G: Mit wem möchtest du in guten Kontakt kommen ↓

Der Sackgassentypus

Dieser Fahrer im Problemkarussell empfindet sich in seinem Leben als festgefahren. Ein Ausweg aus seiner Lebenssituation scheint für ihn nicht möglich, die Umstände lassen seiner Ansicht nach eine Weiterentwicklung in irgendeine Richtung nicht zu. Als Gesprächsführende:r fühlt man sich aufgefordert, den Ausweg aus der Sackgasse zu finden, den der Anfragende nicht sehen kann. Menschen dieses Typus benutzen Sätze wie:

Ich weiß nicht mehr weiter.
Ich stecke fest.
Alle Türen sind zu.

Sieht sich ein Mensch in einer Sackgasse, hilft es nicht, wenn er nur ein paar Schritte zurückläuft und dann wieder gegen die gleiche Wand rennt. Benötigt wird ein anderer Weg, eine neue Idee, möglicherweise sogar ein Gang zurück. Oder ein Überblick aus der Vogelperspektive, aus der sich erkennen lässt, wo sich eine andere Abzweigung zum Weiterkommen auftut:

> *A: Ich weiß nicht mehr weiter.*
> *G: Was ist gut zu wissen, damit es weitergeht* ↓
>
> *A: Ich stecke fest.*
> *G: Wie wollen Sie wieder in Gang kommen* ↓
>
> *A: Alle Türen sind zu.*
> *G: Und welches kleine Fenster ist noch offen* ↓

Der Desorientierungstypus

Dieser Fahrer im Problemkarussell hat kein Vertrauen mehr zu seinem inneren Handlungskompass. Das, was ihm bisher Orientierung gab und Entscheidungen fällen ließ, ist fragwürdig geworden. Er wagt höchstens zögerlich einen Schritt in irgendeine Richtung, aus Angst, es könnte der falsche sein. Als Gesprächsführende:r fühlt man sich aufgefordert, ihm Ziel, Richtung und Orientierung zu geben. Das Desorientierungsmuster begegnet Ihnen in Sätzen wie:

Keine Ahnung, wo das hinführen soll.
Das läuft gerade ab wie im Film.
Ich tappe völlig im Dunkeln.

Ist jemand desorientiert, nützt es überhaupt nichts, wenn ihm von außen ein Ziel vorgegeben wird. Er kann erst dann wieder voranschreiten, wenn er einen verlässlichen Haltepunkt findet. Ein Ausstieg aus dem Karussell kann mit der Frage nach diesem Haltepunkt gelingen:

A: Keine Ahnung, wo das hinführen wird.
G: Wohin wollen Sie es führen ↓

A: Das läuft gerade ab wie im Film.
G: Welche Rolle spielen Sie ↓

A: Ich tappe völlig im Dunkeln.
G: Wo ist für dich der Lichtschalter ↓

Der Zerrissenheitstypus

Dieser Fahrer im Problemkarussell befindet sich in einem Dilemma zwischen zwei oder mehr Optionen. Alle haben so gravierende Vor- und Nachteile, dass er sich nicht in der Lage sieht, eine klare Entscheidung zu treffen. Er ist hin- und hergerissen. Als Gesprächsführende:r ist man schnell versucht, einen Rat zu geben, wie dennoch entschieden werden kann. Sätze, die das Zerrissenheitsmuster anzeigen, sind z. B.:

Ich sitze zwischen zwei Stühlen.
Mir zerreißt es das Herz.
Ich drehe gleich durch.

In solch einer Situation der Zerrissenheit fällt es dem Anfragenden sehr schwer, Entscheidungen zu treffen. Ihm ist bewusst oder unbewusst klar: Egal, wie ich mich entscheide, ich werde immer etwas verlieren. Also muss ich genau abwägen, was für mich welchen Wert hat. Es braucht nun Fragen, die helfen, diesen Prozess der Abwägung zu beenden. Ihm muss klar werden, dass nur eine Aktion ihn aus dem Spagat des unentwegten Für und Widers bringt:

A: Ich sitze zwischen zwei Stühlen.
G: Welcher lässt sich am ehesten entfernen ↓

A: Ich fühle mich wie zerrissen.
G: Was kann es wieder heilen ↓

A: Ich drehe gleich durch!
G: Welcher Dreh am Rad bringt dich wieder in die Spur ↓

Der Erschöpfungstypus

Dieser Fahrer im Problemkarussell ist mit seinen mentalen und oftmals auch mit seinen physischen Kräften am Ende. Er fühlt sich müde, leer und aufgebraucht. Das Leben erscheint ihm als ein Kampf, für den er nicht mehr die nötigen Energien hat. Als Gesprächsführende:r ist man versucht, mit aufmunternden Sätzen Energie bereitzustellen, die aber schnell wieder verpufft. Das Erschöpfungsmuster wird deutlich an Sätzen wie

Ich kann das alles nicht mehr.
Mein Akku ist leer.
Ich kämpfe permanent mit ...

Soll es für den Anfragenden weitergehen, muss er seine Restenergie auf einen – und sei es noch so kleinen – Schritt richten. Nur er selbst kann entscheiden, für welchen Schritt seine Kraft noch reicht und welchen Kampf er noch erfolgreich bestehen kann. Die Kunst für den Gesprächsführenden besteht somit darin, den Blick des Anfragenden aus der Erschöpfung auf mögliche Ressourcen und einen energetisch möglichen Schritt hin zu lenken.

A: Ich kann das alles nicht mehr.
G: Was möchten Sie vor allem können ↓

A: Mein Akku ist leer.
G: Was kann Ihr Ladegerät sein ↓

A: Ich kämpfe permanent mit ...
G: Wann ist Ringpause ↓

Bei all den in diesem Kapitel beschriebenen Varianten und Typen ist es nicht selten wie auf einem richtigen Jahrmarkt: Dort laden auch diverse Karussells zur Mitfahrt ein und versprechen Spannung und Emotionen. Doch überlegen Sie gut, ob Sie sich dort hineinbegeben wollen. Auf einem richtigen Jahrmarkt macht Karussellfahren durchaus Spaß; kommunikative Karussellfahrten hingegen sind meist vertane Zeit und ziehen am Ende die Frustration eines wenig zielführenden Gespräches nach sich.

Im Gegensatz zur Kirmes sei daher vor dem Mitfahren gewarnt und stattdessen empfohlen, das Gespräch auf den Punkt zu bringen. Sowohl für den Anfragenden als auch für den Gesprächsführenden ist der erfolgreiche gemeinsame Ausstieg aus dem dauernden Kreisen eine beglückende Erfahrung mit oftmals nachhaltiger Wirkung.

Kostbarkeit 6: Zu Lösungen kommen

Zeichnet sich am Ende der ersten Gesprächsphase durch das mäeutische Erkunden und Befragen ab, dass eine Lösung in Sicht kommt, ist die gefundene Lösung meist noch zu unspezifisch, als dass sie der Anfragende gut anwenden kann.

Wir haben das Kurzgespräch in Kapitel I.4 mit der Gewinnung eines Edelsteins verglichen. In einer ersten Gesprächsphase wird das Geröll so lange gewaschen, bis sich der Rohdiamant (eine Lösung) abzeichnet. Dann steht in der zweiten Phase der »Feinschliff« an mit der Formung des konkreten Zieles und dem Aktivieren von Ressourcen. Am Ende steht dann ein konkreter erster Schritt heraus aus dem Problem. Dabei gibt es zwei Dinge zu beachten:

Nicht immer ist ein Feinschliff gewollt!

Es gibt Situationen, in denen ein »Feinschliff« nicht nötig oder nicht gewollt ist. Manchmal kommt – nach einem kürzeren oder längeren mäeutischen Prozess – der Anfragende schon vorher zu einer ihm ausreichenden Lösung seines Problems. Auch wenn das Lösungspotenzial nicht unbedingt dem Anspruch des Gesprächsführenden genügen mag, kann dem Anfragenden die gewonnene Einsicht oder mögliche Handlungsoption praktikabel und ausreichend erscheinen. Um im obigen Bild zu bleiben: Es kann sein, dass der Anfragende den entdeckten Rohdiamanten, so wie er ist, als schön empfindet und daher auf weitere Schleifarbeiten verzichtet. Das Gegenüber beendet das Gespräch und die Gesprächspartner gehen auseinander. In diesem Fall ist es gut, dem Anfragenden seine Einsicht nicht schlecht zu reden, sondern sich vielmehr zu freuen, einen kleinen Beitrag zur Lösungsfindung geleistet zu haben.

Lösung ist nicht gleich Lösung!

Am Ende der ersten Gesprächsphase steht eine Art »Lösung«. Diese
ist jedoch eher ein »Lösungsansatz« und nicht mit der »Lösung des
Gesamtproblems« zu verwechseln. Der »Lösungsansatz« ist die
oftmals nicht klar umrissene Möglichkeit, einen Teilbereich des
Gesamtproblems zu lösen. Er ist der Startpunkt für die folgende
zweite Gesprächsphase, an deren Ende ein erster konkreter Schritt
zur Umsetzung steht. Weitere Schritte müssen meistens noch folgen,
ehe die Lösung des Gesamtproblems gelingen kann. Diese liegt aber
zeitlich hinter dem Horizont des gemeinsamen Gespräches und ist
Sache des Anfragenden. Unsere Hoffnung und Erfahrung ist, dass
ein erfolgreiches Gehen des ersten Schrittes ihn dazu befähigt, weitere Schritte folgen zu lassen, die schließlich zu einer Lösung des
Gesamtproblems führen.

Ziele

Am Ende der ersten und zu Beginn der zweiten Gesprächsphase steht
ein zaghaft formulierter Lösungsansatz. Oft wird er vom Anfragenden im Konjunktiv formuliert (»Ich könnte ja mal …«, »Das würde
gehen …«) oder mit Worten wie »vielleicht«, »möglicherweise« oder
»wahrscheinlich« als Lösungs*möglichkeit* gekennzeichnet. Diesen
wertvollen Satz gilt es aufzunehmen und daraus kommunikativ einen
ersten Schritt zu formen, den der Anfragende anschließend gut um-
setzen kann. Sechs Kriterien sind wichtig, damit am Ende ein Ziel
steht, das eine Chance hat, vom Anfragenden auch tatsächlich umgesetzt zu werden.

Positiv formuliert

Grundsätzlich kann man bei Zielen zwischen sogenannten »Erreichungszielen« und »Vermeidungszielen« unterscheiden. Wenn Sie
z. B. eine Bergwanderung machen, dann ist Ihr Ziel am Morgen nicht,
einen Sturz zu vermeiden, sondern den Gipfel oder die Hütte zu erreichen. Wenn Sie nicht wirklich dieses Ziel erreichen wollen, ist die
Wahrscheinlichkeit, dass Sie es erreichen werden, deutlich geringer. Das Merkwürdige ist, dass viele Menschen mehr mit »Vermeidungszielen« als mit »Erreichungszielen« leben. Doch mit negativen
Zielbeschreibungen lässt sich im Kurzgespräch nicht weiterarbei-

ten. Zudem setzen Sie oftmals genau die Bewegung in Gang, die Sie eigentlich vermeiden wollten (»Denken Sie jetzt nicht an ein weißes Pferd!«). Daher ist ein Kennzeichen von Erreichungszielen, dass sie positiv formuliert sind.

Realistisch

Wunsch und Wirklichkeit liegen oftmals weit auseinander. Wunschvorstellungen vor sich her zu tragen, hilft jedoch niemandem. So gilt es, miteinander zu überprüfen, wie *real* und *realisierbar* das in den Blick genommene Ziel ist. Für jemanden, der davon träumt, nach Australien auszuwandern, wäre es ein erstes realistisches Ziel, dass er bei der Einwanderungsbehörde anruft, um sich nach Einwanderungsbedingungen zu erkundigen. Sonst bleibt das Ziel ein Traum.

Überprüfbar

Um einen Erfolg bei der Lösung eines Problems feststellen zu können, ist es notwendig, klare Kriterien zu haben, an denen der Fortschritt deutlich wird, und Abschnitte, an denen es sinnvoll ist, Revision zu halten. »Ich will, dass es in meiner Ehe wieder gut wird« ist ein schwer überprüfbares Ziel. Überprüfbar wäre, wenn z. B. nach einer Aussprache beide wieder mehr miteinander unternehmen. Nur wenn sich eine Veränderung feststellen lässt, ist es auch ein überprüfbares Ziel.

Konkret

Je konkreter ein Ziel ausgeformt wird, desto wahrscheinlicher ist es, dass es erreicht wird. Umgekehrt: Je schwammiger ein Ziel ist, desto schwieriger ist es zu erreichen und umso unwahrscheinlicher ist es, dass der Anfragende es umsetzt. Hier hilft nur, das Ziel gemeinsam genau zu betrachten und konkret zu benennen. »Ich will mal wieder joggen gehen« ist wenig konkret. Konkret wäre: »Ich werde ab nächsten Montag wieder zweimal in der Woche joggen.«

Klein

Um ein Ziel zu erreichen, braucht es einen ersten Schritt. Ist dieser jedoch zu groß gewählt, droht das ganze Vorhaben schon im

Ansatz zu scheitern. »Ich mache mich selbstständig« ist sicher kein kleines Ziel. Klein wäre: »Ich erkundige mich im Internet über Chancen zur Existenzgründung in meinem Bereich.« Dabei zeigt sich dann meist sehr schnell, wie ernst es dem anderen mit seinem Vorhaben ist.

Attraktiv

Auf den Weg mache ich mich nur, wenn das Ziel für mich wirklich attraktiv ist. Schlank zu sein, mag zwar gesundheitlich sinnvoll sein oder eine gern gesehene gesellschaftliche Norm. Aber ist es für mich wirklich attraktiv? Oder ist für mich, zumindest wenn ich ehrlich bin, genießen viel attraktiver? Nachhaltige Wirkung wird ein Ziel nur haben, wenn es für den Anfragenden zumindest einigermaßen attraktiv ist. Sonst wird er es beim ersten auch noch so kleinen Misserfolg nicht weiterverfolgen.

Wenn Sie die Schritte von 1 bis 6 durchgehen, dann ergibt sich aus den Anfangsbuchstaben das Kunstwort »PRÜKKA«: Positiv formuliert – Realistisch – Überprüfbar – Konkret – Klein – Attraktiv.[11]
Dieses Wort kann eine Eselsbrücke sein, die Ihnen in einem Gespräch mit einem Anfragenden hilft, Ziele gut zu formen. Bietet das Gegenüber einen Lösungsansatz an, können Sie für sich innerlich checken: Ist dieses Angebot
✓ positiv formuliert
✓ realistisch
✓ überprüfbar
✓ konkret
✓ klein
✓ attraktiv?

Wo Unklarheiten erkannt werden, gilt es nachzufragen. Es kann sein, dass viele Fragen notwendig sind, bis das Ziel letztendlich tatsächlich »PRÜKKA« ist. Ist das Ziel PRÜKKA genug, gilt es, die dafür nötigen Ressourcen zu aktivieren – sofern dies nicht schon auf dem Weg dorthin geschehen ist.

Ressourcen

Das Wort »Ressourcen« stammt aus dem Französischen und meint die Quellen oder die Mittel, die benötigt werden, um ein Ziel zu erreichen. Dabei kann man zwischen verschiedenen Quellen unterscheiden: materielle, soziale, kognitive, emotionale, körperliche, kommunikative, selbstorganisatorische, geistig-spirituelle und noch einige mehr.[12] Diese Quellen können einem selbst zur Verfügung stehen oder aber von anderen zur Verfügung gestellt werden.

Nehmen wir noch einmal das Bild von der Wanderung: Hier braucht man eine gute körperliche Kondition, Willen und Durchhaltevermögen, um den Gipfel zu erreichen. Andere Ressourcen können sein: Schuhe, Wanderstock, Essen und Trinken oder eine Begleitung. Erfahrene Wandernde werden mit Leichtigkeit noch weitere Ressourcen nennen können.

Kraftquellen oder Fähigkeiten werden allerdings nur dann zur Ressource, wenn man auch einen Zugang zu ihnen hat. Wenn Sie z. B. in Ihrem Beruf die Fähigkeit haben, Konflikte zu lösen, bedeutet das nicht automatisch, dass Sie dies auch im Privatbereich können. Deswegen ist es Ihre Aufgabe als Gesprächsführende:r, sich zusammen mit dem Anfragenden auf »Entdeckungstour« zu begeben. Selten hat ein Anfragender seine Ressourcen unmittelbar vor Augen. Es gehört zu einem punktgenauen Gespräch, Ressourcen gemeinsam zu finden, auf Eignung zu überprüfen und dann gegebenenfalls zu aktivieren.

Oftmals hat der Anfragende dabei einen negativen Blick auf sich selbst und artikuliert vorrangig das, was er nicht kann. Der Gesprächsführende dagegen nimmt den umgekehrten Standpunkt ein und sieht vor allem auf die Potenziale und Möglichkeiten des Anfragenden. Diese bringt er ins Gespräch ein, um sie sichtbar zu machen und aktivieren zu können.

Sie können – ausnahmsweise ohne Berücksichtigung der Sprache Ihres Gegenübers – in Richtung Zukunft fragen:

Was steckt noch in Ihnen drin?
Welche Ihrer Fähigkeiten bieten sich zudem an?
Was können Sie richtig gut?

Dabei darf der nach Ressourcen suchende Blick – entgegen der sonstigen Gesprächsführung – auch einmal ausnahmsweise in die Vergangenheit gehen:

Wie haben Sie das damals geschafft?
Was hat Ihnen früher in solchen Situationen Kraft gegeben?
Welche Erfahrung aus Ihrem bisherigen Leben kann Ihnen jetzt helfen?

Sie können mit Blick auf gelungene Beispiele fragen:

Wann ist Ihnen das schon einmal gelungen?
Was brauchen Sie, damit es diesmal gut geht?
Wie können Sie die Regel durchbrechen?

Oder nach Ausnahmen von der Regel:

Alle ... → Sind wirklich alle gegen Sie ↓
Immer ... → Wann war es einmal anders ↓
Nie ...→ Außer, wenn ... ↓

Oder Sie schauen nach vorn und nutzen die imaginative Kraft einer möglichen erfolgreichen Zukunft:

Angenommen, in zwei Jahren ist das Problem gelöst. Was, sagen Sie dann, war der (erste) entscheidende Schritt?

Stellen Sie sich vor, Sie merken: Es läuft, ich komme meinem Ziel jeden Tag einen Schritt näher. Was hilft Ihnen vor allem dabei?

War man bei der Schatzsuche erfolgreich und hat gemeinsam eine Ressource für das anvisierte Ziel gefunden, ist damit die Arbeit aber noch nicht zwangsläufig getan. Nicht alles, was auf den ersten Blick wertvoll erscheint, erweist sich bei näherer Betrachtung auch als tragfähig. Es gilt, den Wert einer gefundenen Ressource gut einzuschätzen und ihren Einsatz zu planen.

> A: Gleich Montag fange ich an, meine Mails nicht immer zwischendurch, sondern gebündelt zu beantworten.
> G: Wann wird das sein ↓
> A: Am besten wäre nach der Frühstückspause, das wäre mir das Liebste. Aber da haben wir oft noch ein Teammeeting.
> G: Wann dann ↓
> A: Am liebsten wäre mir, die Teammeetings wären 30 Minuten später.
> G: Wie erreichen Sie das ↓
> A: Ich werde mit den Kollegen sprechen, ob wir die Meetings eine halbe Stunde nach hinten verlegen können. Dann habe ich genau da das Zeitfenster für meine Mails gewonnen.
> G: Wann sprechen Sie mit den Kollegen ↓
> A: Ich werde das gleich im ersten Meeting am Montag machen.

Nicht zwangsläufig ist die Reihenfolge von Zielen und Ressourcen so, wie hier beschrieben. Sie kann auch umgekehrt sein oder ergibt sich wechselseitig. Das hängt von dem Gesprächspartner, dem Grundproblem und dem Gesprächsverlauf ab. Wichtig ist nur, dass Ziele und Ressourcen aufeinander bezogen bleiben und – um das Bild des Diamanten noch einmal aufzugreifen – bis zur nötigen »Brillanz« bearbeitet werden. Ein Schritt, zu dem die notwendigen Ressourcen fehlen, wird nicht erfolgreich getan.

Eine Warnung sei hier allerdings ausgesprochen: Als Gesprächsführende:r können Sie zuweilen selbst zu einer wichtigen Ressource für den Anfragenden werden. Je erfolgreicher sich der Fortgang des Gespräches gestaltet, desto attraktiver wird es für den Anfragenden, Sie als Ressource für eine an das Gespräch anschließende Umsetzung zu nutzen. Bitten wie »Können Sie nicht … für mich anrufen – selbst mitkommen – das für mich erledigen« sind dann die logische Konsequenz. Verstärkt wird dies noch, wenn der Gesprächsführende entsprechende verbale Signale sendet wie »Was soll ich für Sie tun?« oder »Wie kann ich Ihnen helfen?«.

Natürlich spricht nichts gegen ein persönliches Engagement (wenn man es denn will). Doch in erster Linie soll ja Ihr Gegenüber mit seinen Ressourcen aktiviert und befähigt werden, sein Problem *selbst* zu lösen. Erst wenn deutlich erkennbar ist, dass Ihr Gegenüber nicht aus eigener Kraft zu einem ersten Schritt in der Lage ist,

und Sie sich zudem im Klaren über Ihre eigenen Ressourcen sind,
sollten Sie ein entsprechendes Angebot machen oder auf ein solches eingehen.

Lösungen erster und zweiter Ordnung

Voraussetzung für das Formen eines Zieles und die Suche nach Ressourcen ist, dass es einen Lösungsansatz gibt. Was aber ist, wenn sich
partout kein solcher abzeichnet, mit dem man weiterarbeiten kann?
Oder wenn eine Lösungsblockade vorliegt? Dann hilft es nur, mittels
einer ganz anderen Art von Lösungssuche den Startpunkt zu finden.

»Die direkte Lösung ist die Beste.« Unter dieser Prämisse gehen
die meisten Menschen die Suche nach einer Lösung für ihr jeweiliges
Problem an. Warum auch nicht? So hat man es zumeist in der Schule
und Ausbildung gelernt. Und wenn die effiziente Lösung A nicht
funktioniert, kann man ja immer noch einen Plan B ausprobieren.
Paul Watzlawick nennt dies eine »Lösung erster Ordnung«[13]. Durch
ein zielgerichtetes Verhalten wird versucht, eine Veränderung und
damit eine Lösung des Problems herbeizuführen. Ein unangenehmer
Nebeneffekt dieses Ansatzes ist, dass oft genug eine Lösung außerhalb dieses Denksystems nicht in den Blick kommt. Zu sehr ist man
auf eine logisch adaptive Lösung fixiert. Schon Albert Einstein sagte
jedoch, dass wir unsere Probleme nicht mit demselben Denken lösen
können, mit dem wir sie geschaffen haben. Das heißt: Um bei festgefahrenen Problemen zu einer neuen Lösung zu gelangen, braucht
es eine andere Form des Denkens!

Hier kommen die »Lösungen *zweiter* Ordnung« ins Spiel. Sie
verändern das Lösungsverhalten grundsätzlich, weil sie nach einer
Lösung außerhalb des bisherigen Denksystems suchen. Es geht nicht
mehr um weitere Lösungsversuche, sondern um eine Veränderung
des Lösungs*ansatzes* oder des Lösungs*rahmens*.

Bei der Veränderung des Lösungs*ansatzes* wird das bisherige
Lösungsverhalten durch einen scheinbar gegensätzlichen oder widersinnigen Lösungsansatz grundsätzlich infrage gestellt und erweitert.

*Eine junge Frau berichtet vom Konflikt mit ihrer Mutter, der sich schon
Jahre hinzieht und sich immer wieder an Kleinigkeiten entzündet:*

A: Wenn sie wieder so etwas sagt, kriegt sie sofort eine passende Ant-
   wort zurück!
G: Was passt denn ↓
A: Sie sagt: »Was du anhast, kommt wohl aus der Kleiderkammer«, und
   ich sage: »Und du arbeitest da doch, so wie du aussiehst!«
G: Und was ist dann eine unpassende Antwort ↓
A: Ja, weiß ich auch nicht ... Ich kann sie doch für so einen Spruch nicht
   auch noch loben!
G: Angenommen, Sie tun das. Sie sagt: »Was du anhast, kommt wohl aus
   der Kleiderkammer«, was sagen Sie dann Lobendes ↓
A: Tja, irgendetwas wie: »Du siehst aber ganz schick aus!«
G: Angenommen, Sie sagen das. Was passiert dann ↓
A: (lacht) Ich glaube, die wüsste gar nicht, wie sie da antworten könnte.

Eine weitere Möglichkeit ist, den Lösungs*rahmen* zu verändern. Die
Anfragenden haben zumeist nur *einen* Blick auf ihr Problem. Weitere Lösungsmöglichkeiten außerhalb des von ihnen selbst gewählten
Rahmens können sie nicht erkennen. Hier gilt es, den Rahmen zu
erweitern, um zusätzliche Perspektiven zu gewinnen:

Eine stadtbekannte Künstlerin (Malerin) kommt aufgeregt zum Berater:
A: Jetzt stellen Sie sich das mal vor! Meine Kinder können noch nicht
   einmal warten, bis ich tot bin! Die wollen sich jetzt schon alles unter
   den Nagel reißen!
G: Wie soll ich mir das vorstellen ↓
A: Na, meine Bilder. Die, die ich noch habe. Die wollen jetzt schon von
   mir schriftlich haben, wer was kriegt! Ich hätte nie gedacht, dass die
   so begierig darauf sind!
G: Ist es vorstellbar, dass es noch andere Gründe gibt ↓
A: Welche sollten das Ihrer Meinung nach sein?
G: Meine Meinung ist ja nicht entscheidend. Welche können Sie sich
   denn vorstellen ↓
A: Na ja ... sie könnten ja auch einfach nur ein schönes Erinnerungs-
   stück haben wollen ... Wenn ich mal tot bin ... Ich bin ja auch nicht
   mehr die Jüngste!
G: Ist das für Sie denn vorstellbar ↓
A: Ja, sicher, vorstellbar wäre das schon ... (Pause)

Ich glaube, da muss ich erst mal in Ruhe drüber nachdenken. Vielen Dank!

Es gibt keine Handlungsanweisung, wann man eher den Ansatz oder eher den Rahmen verändert oder ob überhaupt eine Lösung zweiter Ordnung angebracht ist. Dabei braucht es eine der Situation entsprechende Intuition. Auch gibt es keine 100-prozentige Sicherheit, damit wirklich eine Lösung zu finden, die dann weiter »geschliffen« werden kann. Aber ehe das gemeinsame Gespräch frustriert beendet wird, weil sich kein Lösungsansatz abzeichnet, lohnt es sich, eine Lösung zweiter Ordnung zu suchen. Diese hat das Potenzial, auch da weiterzukommen, wo andere Wege scheinbar in die Sackgasse führen.

Als Schaubild lässt sich der gesamte bis hierher beschriebene Gesprächsprozess folgendermaßen darstellen:

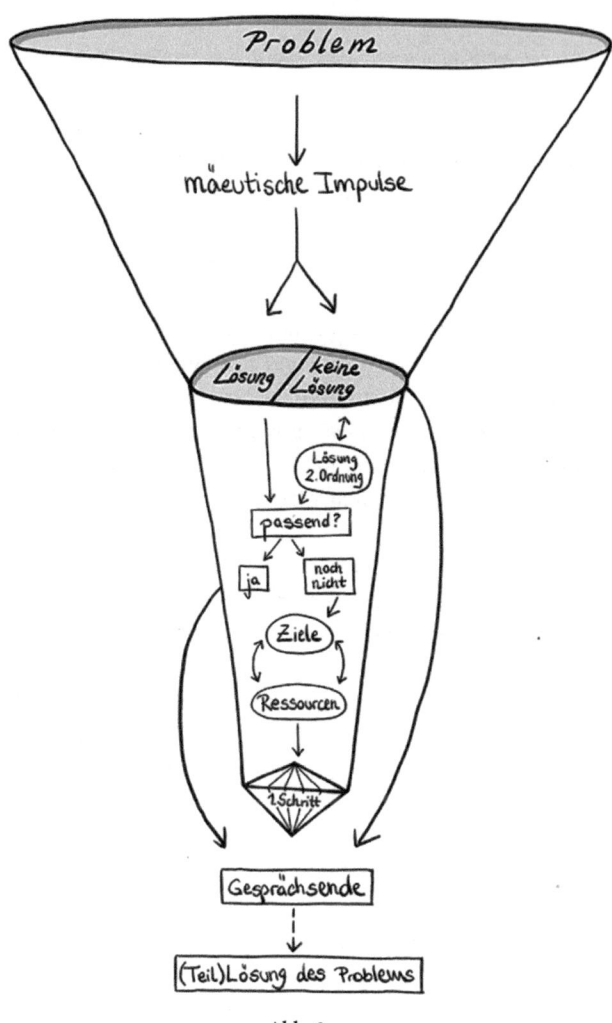

Abb. 9

Gehen wir die einzelnen Gesprächsschritte anhand eines Beispiels durch. Ein Gespräch beginnt mit dem folgenden Satz:

> *A: Du, ich weiß auch nicht. Ich stecke in meinem Projekt regelrecht fest.*

Dies ist das Ausgangs- oder Gesamtproblem. Im besten Fall kommt mithilfe mäeutischer Fragen *(Wie kann es wieder in Gang kommen?)* ein erster Lösungsansatz in den Blick:

> *A: Ich müsste mich mal trauen, meinem Chef meine Bedenken zu äußern.*

Entweder erscheint ihm dies als Lösung schon passend *(Ich glaube, das mach ich einfach. Danke dir!)* und er beendet damit das Gespräch. Oder es passt noch nicht. Dann gehen beide Gesprächspartner gemeinsam daran, diesen Lösungsansatz über das Formen des Zieles und die Aktivierung von Ressourcen so weit zu konkretisieren, dass ein erster Schritt sichtbar wird:

> *A: Ich will gerne in dem Projekt bleiben. Dazu spreche ich zuerst mit meiner Kollegin, was wir verändern können. Mit den Ergebnissen holen wir uns dann Anfang nächster Woche einen Termin beim Chef.*

Ist dieser erste Schritt formuliert, endet auch das Gespräch.

Im minder guten Fall kommt trotz mäeutischen Bemühens keine Lösung in den Blick. Dann bietet sich eine Lösung zweiter Ordnung an:

> *G: Was würde dir jemand raten, der nicht in eurem Projekt steckt* ↓
> Oder:
> *Etwas, das feststeckt, kann man nicht durchdrücken, nur herausziehen* ↓

Führt diese Intervention zu einer Lösung zweiter Ordnung,

> *A: Jemand von außen würde mir wahrscheinlich raten, mit meinem Chef darüber in Ruhe zu sprechen.*

kann sie analog über Ziele und Ressourcen zum ersten Schritt konkretisiert werden. Führt allerdings auch der Versuch mit einer Lösung zweiter Ordnung nicht weiter, bleibt nur übrig, das Gespräch zu beenden. Das Gespräch muss deswegen nicht wertlos gewesen sein, hat dann allerdings nicht zu dem gewünschten Erfolg geführt.

Schafft es der Anfragende dagegen, zum ersten Schritt zu gelangen und diesen auch erfolgreich umzusetzen, ist die Wahrscheinlichkeit hoch, dass er auch noch weitere Schritte folgen lässt, bis es zu einer ihn befriedigenden Lösung des gesamten Problems kommt.

Kostbarkeit 7: Stimme und Körper gezielt einsetzen

In der unmittelbaren Begegnung zwischen zwei Menschen »spricht« vieles. Es ist niemals nur der Inhalt der Worte allein, der ein Gespräch ausmacht. Zusätzlich zum »*Was* gesagt wird« tritt das »*Wie* etwas gesagt wird«. Als Gesprächsführende:r haben Sie vielfältige Möglichkeiten, Ihre Stimme und den immer mitsprechenden Körper gezielt einzusetzen, um das Gespräch hilfreich zu unterstützen und zu intensivieren.

Die richtige Betonung

Die deutsche Sprache ist ganz wesentlich eine *Beton*ungssprache. Der Inhalt einer Aussage und seine Botschaft sind für gewöhnlich mehrdeutig. Erst durch die jeweilige Akzentuierung des Sprechenden wird deutlich, was genau gemeint ist. Daher unterscheiden sich auch »Schriftsprache« und »Sprechsprache«: Schriftsprache muss oft viel präziser formuliert werden, soll es nicht zu Missverständnissen und zu großen Interpretationsspielräumen kommen. In der Sprechsprache hingegen gibt es gewöhnlich einen viel weniger klaren Satz- und Redeaufbau, der sich aber durch das »wie« es gesagt wird, dennoch erschließt und den Sinn eindeutig macht.

Wie sehr die deutsche Sprache eine Betonungssprache ist und durch unterschiedliche Betonung in verschiedene Richtungen gedeutet werden kann, mag an einem einfachen Satz wie »Ich gehe heute einkaufen« verdeutlicht werden. Je nachdem, auf welchem Wort die Betonung liegt, geht die Botschaft in eine andere Richtung:

ICH gehe heute einkaufen   – nicht du.

Ich GEHE heute einkaufen   – *ich fahre nicht mit dem Wagen.*
Ich gehe HEUTE einkaufen   – *nicht erst morgen.*
Ich gehe heute EINKAUFEN   – *und nicht zum Schwimmen.*

Die Akzentuierung geschieht im Reden meist selbstverständlich und intuitiv. Wird sie vernachlässigt, wird Verstehen erschwert, Kommunikation weniger intensiv und damit verlängert. Alles drei sollte vermieden werden.

Das, »wie« etwas gesagt wird, bezeichnet man als das sogenannte »Paraverbale« (von griechisch »para« = bei, neben der Sprache). Zu dem, »was gesagt wird«, tritt zu allem Gesagten das »Paraverbale«, das »Wie«. Zusätzlich zum Inhalt geht es also um den Ausdruck, weil sich durch die richtige stimmliche Betonung auch die Richtung und Wirkung des Gesagten verfeinern lässt. Wie heißt es so treffend: »Der Ton macht die Musik!« Das gilt besonders für das Kurzgespräch, weil Sie als Gesprächsführende:r hier oft nur sehr wenige und kurze Sätze verwenden, die es dafür umso sorgfältiger zu gestalten gilt. Ohne adäquates paraverbales Betonen werden Sie nur mit Mühe oder auch gar nicht auf den Punkt kommen. Daher ist das richtige paraverbale Akzentuieren von essenzieller Bedeutung. Dabei können Sie auf folgende Punkte in besonderer Weise achten:

Geschwindigkeit
Schnelles Sprechen beschleunigt, langsames Sprechen beruhigt und konzentriert. Gerade in der ersten Hälfte eines Gespräches empfiehlt es sich, bewusst langsam zu sprechen, während am Ende eher »angeschoben« wird.

Lautstärke
Lautes Sprechen vermittelt Stärke, leises Sprechen weckt Neugier auf die zarten Töne.

Stimmlage
Hoher Stimmeinsatz signalisiert höhere Energie, tiefer Stimmeinsatz beruhigt.

Modulation

Sprache ist letztlich Musik und eine stimmige Modulation hilft wesentlich, die Wirkung des Gesagten zu intensivieren.

Multiple Betonung

Durch unterschiedliche Artikulation können einzelne Worte und Satzteile extra Gewicht bekommen.

Dabei ist es eine besondere Form, wenn Sie an mehreren Stellen eines Satzes Akzente setzen. Das nennt sich dann *multiple Betonung*. Im Deutschen hat jeder Satz normalerweise nur einen Satzhöhepunkt, der durch die Betonung signalisiert wird. Will man dem Gesprächspartner selbst die Entscheidung überlassen, welche Option die richtige ist, bietet man ihm mehrere solcher Punkte an:

Was   – *(welche Optionen hast du?)*
willst – *du oder nicht?*
du   – *oder jemand anders?*
jetzt – *oder später?*
tun? – *oder lassen?*

Dies braucht allerdings Zeit! Probieren Sie es aus: Ein Satz wie »Was willst du jetzt tun?« lässt sich multipel betont nur langsam sprechen. Und das ist gut so, denn nur langsam gesprochen lassen sich die damit verbundenen Implikationen verstehen.

Stimmlage am Satzende

Hebe ich am Ende die Stimme, beschleunige ich das Gespräch, senke ich sie, verlangsame ich es. Daher hilft es – gerade in der ersten Phase – mit einer Stimmsenkung am Satzende zu arbeiten. Auch hier die Bitte: Probieren Sie es aus! Sprechen Sie die folgenden Sätze einmal laut vor sich hin und beobachten Sie den Effekt auf sich selbst: Einmal mit Stimmhebung (↑) am Satzende und einmal mit Stimmsenkung (↓):

Was wollen Sie jetzt tun?
Wie soll es für Sie weitergehen?
Was ist wirklich wichtig für dich?

Eine Stimmsenkung am Satzende reduziert den Druck einer unmittelbaren Antwort, eine Stimmhebung erhöht ihn. Um dem Anfragenden mehr Zeit zu geben, seine Blick- und Denkrichtung zu ändern, wird vor allem in der ersten Phase des Gespräches die Stimme am Satzende vorwiegend abgesenkt.

Pausen

Pausen sind im Kurzgespräch von enormer Wichtigkeit. Durch eine kleine Pause vor einem Wort bekommt das danach Gesagte automatisch mehr Gewicht. Zudem sind Pausen die Arbeitsphasen des Gespräches. Antwortet das Gegenüber mit einer Pause, denkt man als Gesprächspartner bei anderen Gesprächsformen oft, man hätte etwas Unpassendes oder Falsches gesagt. Im Kurzgespräch gilt das Umgekehrte: Kommt eine Pause, hat man etwas Treffendes gesagt, denn man hat den Anfragenden damit zum Nachdenken gebracht. Diese Pause wird auch »mäeutische Pause« genannt: Das Gegenüber will etwas Neues gebären und zur Welt bringen und das braucht einen Moment des Innehaltens und Nachdenkens.

Auch am Anfang und Ende des Gespräches sind Pausen hilfreich. Stürzt ein Anfragender mit einem Wortschwall auf Sie zu, stellt eine schwierige Anfangsfrage oder überrascht mit einer unerwarteten Aussage, dann gilt: Erst einmal eine Pause machen. Nachdenken, die geäußerten Worte sortieren, nach einem Andockpunkt oder gar Schlüsselwort suchen und erst dann gezielt antworten.

Genauso am Ende: Ist ein Punkt erreicht, an dem ein erster Schritt ausgesprochen oder eine neue Perspektive erkennbar ist, dann sollte dies nicht zerredet werden. Warten Sie so lange, bis der Anfragende wieder Blickkontakt aufnimmt. Nach einer kurzen Pause können Sie als Gesprächsführende:r das Gesprächsende dann verbalisieren, z. B.: »Ich glaube, wir haben für heute einen Abschluss erreicht.«

Die Zeit, die man am Anfang und Ende durch geduldiges Warten aufwendet, zahlt sich in der Summe mehrfach wieder aus, weil viele unnötige Gesprächsschleifen vermieden werden.

Anfangs ist es ungewohnt, akzentuiert, multipel betont, langsam und mit bewussten Pausen zu sprechen. Zuweilen wird dem auch mit Abwehr begegnet (»Da bin ich nicht authentisch«). Da ein solches Betonen jedoch extrem hilfreich ist für das Verstehen, können wir nur ermutigen, gerade diese (womöglich unentdeckte) Facette des Sprechens für sich zu entdecken.

Nonverbale Unterstützung

»Dein Körper ist schlau, er übernimmt vieles von deiner Seele.«[14] Diese Weisheit gilt sowohl für den Anfragenden wie auch den Gesprächsführenden. An der jeweiligen Körperhaltung, dem Gesichtsausdruck, am Agieren der Hände, am Blickkontakt und an vielen kleinen anderen Signalen lässt sich Mannigfaches erkennen, sowohl bezüglich der jeweiligen aktuellen Gefühlslage als auch der generellen Prägung und Lebenseinstellung. Nonverbales Agieren schwingt in Gesprächen immer mit. Und nicht selten sagt das Nonverbale mehr als tausend Worte.

In der Regel verhalten Sie sich als Gesprächsführende:r dabei empathisch *synchron* zu Ihrem Gegenüber. Agiert der Anfragende ruhig, agieren Sie meistens ebenfalls ruhig, zeigt der Anfragende viel Energie, nehmen Sie diese Energie ebenfalls auf etc.

Daneben gibt es die Möglichkeit, sich bewusst *asynchron* zu verhalten, also die eigene Körpersprache in einen Gegensatz zum Gegenüber zu bringen. Man setzt damit einen Impuls, der mittels gezielten nonverbalen Agierens eine andere Stimmung und Qualität in das Gespräch bringen kann. Sowohl das synchrone als auch das asynchrone nonverbale Verhalten haben etwas mit Aufnahme bzw. Umwandlung von Energie und damit mit Steuerung innerhalb eines Gespräches zu tun. Dies alles sollte von Ihnen stets so angepasst und verwendet werden, dass Sie den Gesprächsfluss unterstützen.

Das Feld der Möglichkeiten und Mittel des nonverbalen Agierens ist ein weites. Nur einige Schlaglichter seien hier mit Blick auf Körperhaltung, Entfernung zum Gesprächspartner, Gestik und Mimik erwähnt.

Körperhaltung

Hilfreich ist es, eine Körperhaltung einzunehmen, die der des Gegenübers ähnelt. Dieses körperliche Spiegeln hat eine hohe, menschlich verbindende Wirkung. Es fällt dem anderen leichter, sich verbal zu öffnen, wenn Sie – egal ob im Sitzen oder Stehen – mit Ihrer

Körperhaltung, Ihrem Gesichtsausdruck und Ihrer Körperspannung
freundlich zugewandt und offenherzig erscheinen.

Entfernung zum Gesprächspartner

Als Abstand mag man sich an etwa einer doppelten Armlänge orien-
tieren. Sich in einem leichten Winkel zum Gegenüber zu positionie-
ren, lässt ihm mehr Optionen, da er beim Entwickeln von Gedanken
nicht automatisch Blickkontakt halten muss. Sie sollten stets in der
Lage sein, auch bezüglich der Entfernung auf Veränderungen im
Gespräch zu reagieren, also z. B. selbst mal mehr Nähe und mal
mehr Distanz zu schaffen.

Gestik

Sodann kann man durch Gestik – insbesondere durch Arme und
Hände – das eigene Reden akzentuieren. Punktgenau eingesetzt kann
dies sehr wirkungsvoll sein, z. B. bei einladenden und öffnenden
Handbewegungen. Die jeweilige Betonung innerhalb eines Satzes
kann mit einer Handbewegung unterstrichen, Zustände wie Energie oder Entspannung können visualisiert werden. Insgesamt sollte
die Gestik aber nicht zu dominant und ausladend ausfallen, sondern
eher sparsam und gut dosiert verwendet werden.

Mimik

Schließlich vermag man allein durch Mimik Impulse zu setzen,
denn das Gesicht kann Bände sprechen. Wir nutzen Mimik in vielen Gesprächen meist intuitiv. Die Besonderheit hier ist, dass dies
als bewusster stummer Impuls ohne begleitende verbale Äußerung
gesetzt wird, z. B. durch Hochziehen der Augenbraue, das fragende
Festhalten des Blickes oder durch ein Runzeln der Stirn.

Der Einsatz von Stimme und Körper ist höchst individuell und
situationsabhängig. Hier hilft nur Neugier, Geduld und Übung, um
sein Ausdrucksrepertoire zu erweitern und zu verfeinern. Ein Schau-
spieler übt sehr genau, mit welcher Körperhaltung, Mimik und Gestik er welches Gefühl in einen Charakter hineinlegt, um damit beim
Zuschauer eine bestimmte Reaktion auszulösen. So vermag man
auch als Gesprächsführende:r peu à peu sein Repertoire zu erweitern,
um intensiver und prägnanter Gespräche zu führen.

Nonverbales und paraverbales Agieren sind in Kurzgesprächen
kein Nice-to-have, das Sie auch getrost weglassen könnten. Ohne
diese beiden Elemente werden Sie Ihr Ziel in der Regel nicht in kurzer Zeit erreichen. Nur mit den stimmlichen und körpersprachlichen
Möglichkeiten ausreichend unterstützt wird sich ein Anfragender
dem Gesprächsführenden so anvertrauen, dass auch in begrenzter
Zeit ein Ziel erreicht werden kann. Gerade weil das Nonverbale mehr
als tausend Worte sagt und weil der Körper so schlau ist, viel von
der Seele zu übernehmen, will dies immer wieder geübt sein. Deshalb wird darauf in den Kursen zum Kurzgespräch ein besonderer
Fokus gelegt.

Kostbarkeit 8: Einen runden Abschluss finden

Jedes Gespräch kommt irgendwann zu seinem Ende. Auf der Ziel-
geraden eines Gespräches empfiehlt es sich, noch einmal besonders
aufmerksam zu sein. Denn in Abwandlung eines berühmten
Gedichts von Hermann Hesse wohnt nicht nur jedem Anfang, sondern auch jedem Ende ein Zauber inne.[15]
    Dass man auf die Zielgerade eines Gespräches kommt, können Sie
oft schon an nonverbalen Signalen des Oberkörpers und des Gesichtes
Ihres Gegenübers erkennen. Ist eine Lösung in Sicht und hinreichend
Hoffnung geschöpft, richtet sich der Oberkörper des Anfragenden
merklich auf, die Gesichtszüge entspannen sich, Blickkontakt wird
hergestellt, ein gelöstes Nicken oder Lächeln erscheint. Idealerweise
hat sich bis hierher durch das Gespräch dreierlei verändert:
    – Der Anfragende hat für sich eine neue Perspektive oder Hand-
      lungsoption gefunden.
    – Diese hat sich in einem ersten Schritt konkretisiert.
    – Er ist erkennbar motiviert und hoffnungsvoll, diesen Schritt
      umzusetzen.

Je präziser diese drei Punkte herausgearbeitet wurden, desto wahrscheinlicher beendet der Anfragende von sich aus das Gespräch.
Dabei wird nach einer kurzen Pause oft nur ein einfaches »Danke«
oder »Dankeschön« geäußert. Manchmal auch noch mit Ergänzungen
wie »Das war gut« oder »Das hilft mir jetzt sehr«. Hierauf reicht

als Entgegnung ein schlichtes »Bitte«, »Bitteschön« oder »Gern
geschehen«. Nicht empfehlenswert ist die modern gewordene Antwort »Nicht dafür«. Denn selbst wenn dem Gesprächsführenden das
Herausarbeiten des ersten Schrittes leichtgefallen sein mag – letztlich genau dafür bedankt sich das Gegenüber, weil er es allein nicht
gekonnt hätte. Ein ehrliches »Danke« sollte nie relativiert, sondern
immer gern entgegengenommen werden.

Signalisiert das Gegenüber ein Ende des Gespräches, sollte es
auch nicht durch weitere verbale oder nonverbale Impulse verlängert werden. Timm H. Lohse nennt dies »sich bescheiden«[16].
Selbst wenn Sie noch anderes gehört haben, was vielleicht auch
noch zur Sprache kommen könnte oder in Ihren Augen gelöst werden müsste – für den ersten Schritt ist das Erreichte für Ihr Gegenüber ausreichend. Insofern sind noch einmal öffnende Fragen wie
»Gibt es sonst noch etwas, was Sie mit mir besprechen wollen?«
oder »Haben Sie noch etwas auf dem Herzen?« für punktgenaue
Gespräche nicht hilfreich.

Einen Blumenstrauß darreichen

Der Anfragende beendet allerdings nicht immer von sich aus das
Gespräch, selbst wenn aus Sicht des Gesprächsführenden die drei
oben genannten Punkte erreicht sind.

Ein Grund dafür kann sein, dass sich der Anfragende im Gespräch so wohl und angenommen fühlt, dass er die gemeinsame Zeit
gern verlängern möchte. Hier müssen Sie als Gesprächsführende:r
selbst entscheiden, wie viel Zeit Sie noch in das Gespräch und in die
Beziehung investieren wollen und können.

Oder aber das gefundene Ergebnis ist noch nicht in allen Punk-
ten gänzlich rund. Das Gegenüber hängt dann gedanklich noch
irgendwo. Hier kann es seitens des Gesprächsführenden hilfreich
sein, den bisherigen Gesprächsverlauf und Gedankenfortschritt noch
einmal verdichtet in Worte zu fassen und ihn wie einen Blumenstrauß seinem Gegenüber freundlich darzureichen und die Reaktion
abzuwarten. Das kann wie folgt aussehen:

> *G: Am Anfang unseres Gespräches sagten Sie, dass Sie nicht schlafen
> können, weil Sie sich große Sorgen um Ihren Sohn machen. (Er nimmt*

> *Drogen und Sie wussten nicht, wie Sie ihn darauf ansprechen kön-*
> *nen, ohne dass er sofort alles abblockt und die Situation – wie schon*
> *häufiger – eskaliert.) Jetzt sagen Sie, dass Sie morgen Abend in Ruhe*
> *einen Brief an Ihren Sohn schreiben, der Ihnen hilft, alles gut zu sor-*
> *tieren und so Ihrem Sohn mitzuteilen, was Sie denken und empfinden,*
> *sodass weder Sie noch Ihr Sohn unmittelbar darauf reagieren müssen.*

Fehlt noch etwas Wesentliches in diesem dargereichten verbalen
Blumenstrauß, wird dies der Anfragende anmerken. Sie haben dann
die Möglichkeit »nachzubessern«. Ist hingegen alles rund und gut
so, wird dieser Blumenstrauß gern entgegengenommen und meist
auch mit einem »Danke« quittiert.

Wünsche und bestärkende Gesten

Ein Wunsch oder auch eine bestärkende Geste seitens des Gesprächsführenden vermag zum Abschluss hin zusätzlich Kraft und Unterstützung vermitteln. Besser als ein allgemeiner Wunsch wie »Ich
wünsche Ihnen alles Gute/viel Erfolg/Glück« sind Formulierungen,
bei denen der Wunsch inhaltlich gefüllt ist (also das benannt wird,
was *genau* gewünscht wird) und dieser Wunsch zukunftsorientiert
über den eigentlichen Vorsatz und Zeitpunkt hinausgeht. Mit Blick
auf das Beispiel oben könnte dies z. B. sein:

> *G: Ich wünsche Ihnen, dass Sie nach dem Einwerfen des Briefes dann ...*
> [kleine Pause] *auch wieder besser schlafen* ↓

Hierbei wird der erste vorgenommene Schritt (den Brief schreiben)
als geschehen vorausgesetzt! Und es wird die zeitlich wie inhaltlich dahinterliegende positive Dimension des umgesetzten ersten
Schrittes verstärkt (wieder besser schlafen). Besonders wirkungsvoll
sind solche inhaltlich gefüllten und zukunftsorientierten Wünsche,
wenn dann zusätzlich noch ein zuvor gefallenes Schlüsselwort aufgenommen wird. Das unterstreicht zum Schluss eines Gespräches
noch einmal, dass der Gesprächsführende gut zugehört hat. Eine solche Form schließt ein anschließendes »Alles Gute«, »Gottes Segen«
oder anderes nicht aus.

Natürlich können über gute und warmherzige Worte hinaus auch

Gesten einen guten und runden Abschluss unterstützen. Ein aufbauender Blickkontakt, ein bestärkender Händedruck oder ähnliches können zusätzlich Energie, Verbundenheit und Zutrauen bewirken. Je nach Kontext sind auch weitere Formen der Verabschiedung denkbar. Dies ist von den jeweiligen Gepflogenheiten und kulturellen Kontexten abhängig: So ist in Asien eine stumme Verbeugung üblich, während sich hierzulande von befreundeten Gesprächspartnern am Ende vielleicht sogar umarmt wird. Ebenso können Sie das Verabschieden ggf. durch einen symbolhaften Akt (Verschriftlichung, Knoten ins Taschentuch, Segensgeste oder Ähnliches) unterstützen. Jedoch sind bei allen Formen, die mit Nähe und körperlicher Berührung zu tun haben, große Vorsicht und ein eminent gutes Gespür nötig. Denn falsch und gedankenlos angewandt können Abschiedsgesten absolut kontraproduktiv sein: Sie bewirken dann schlagartig ein neuerliches UP-DOWN auf der Beziehungsachse und sind im schlimmsten Fall übergriffig. Hingegen verstärken richtig angewandte Abschiedsgesten den »Zauber des Endes« noch einmal heilsam. Auch zum Abschluss hin und mit Blick auf erweiterte Formen gilt: Das Gegenüber bleibt stets der Kapitän, der Gesprächsführende beschränkt sich, ein guter Steuermann gewesen zu sein!

III Der besondere Pfiff

In der Einleitung des vorherigen Kapitels II zu den »Acht Kostbarkeiten« haben wir unsere Auswahl und Zusammenstellung der kommunikativen Werkzeuge mit einem Gericht verglichen, das sich auf fast jeder Speisekarte eines chinesischen Restaurants findet. Damit haben wir – vielleicht haben Sie es gemerkt? – sprachlich mit einem Bild gearbeitet. Wir haben etwas tendenziell Abstraktes – das Verwenden kommunikativer Methoden – mit einem plastisch vorstellbaren Bild – einem Essen im Chinarestaurant – kombiniert. Das geschah in der Hoffnung und Absicht, dadurch verständlicher und treffender auszudrücken, was wir meinen. Oft werden solche Sprachbilder ganz unbewusst und nebenbei verwendet. Wer jedoch ein Ohr für die vom Anfragenden sprachlich dargebotenen Bilder entwickelt und diese in seine Gesprächsführung aufnimmt, dem bieten sich weitere Möglichkeiten, Gespräche punktgenau zu steuern. Die Aufnahme von Sprachbildern bringt somit noch einmal eine besondere Würze – einen besonderen Pfiff – in die Gesprächsführung.

Eine zusätzliche Erweiterung ist das Einbringen von Bildern und strategisch erzählten Geschichten seitens des Gesprächsführenden. Das ist vor allem dann hilfreich, wenn Lähmungen, Desorientierung, Widerstände oder Lösungsblockaden vorliegen. Die Aufnahme und das Einbringen von Bildern sowie das strategische Erzählen von Geschichten gehören allerdings schon zur gehobenen »Ein-Sterne-Küche« des punktgenauen Kommunizierens. Ihnen ist hier ein Extrakapitel gewidmet. Man kommt auch ohne diese kommunikativen »Schmankerl« gewöhnlich zum Punkt, mit dem Wissen um Bilder und Geschichten geschieht dies allerdings noch etwas pfiffiger.

1   Sprachbilder aufnehmen

»Ein Bild sagt mehr als tausend Worte« heißt eine Redensart. Manche
Sachverhalte, die Worte nur langatmig oder unzureichend wiedergeben, sind in einem Bild prägnanter erfasst. Das hat nicht zuletzt
hirnphysiologische Gründe, auf die hier nicht näher eingegangen
werden soll. Fakt jedoch ist, dass unser alltägliches Sprechen und
Erzählen voll von bildhafter Sprache sind: Da fällt jemand aus allen
Wolken, fühlt seinem Gegenüber auf den Zahn, bekommt einen
Wink mit dem Zaunpfahl oder trifft auf eine Mauer des Schwei-
gens. All dies sind zu alltäglicher Sprache gewordene Bilder. Sie werden in der Regel gebraucht, ohne dass das konkrete Bild vor Augen
steht. Und dennoch bringen solche Bilder bestimmte Erfahrungen
oder Vorstellungen sehr viel deutlicher zum Ausdruck als abstrakte
Begriffe.

Bilder haben eine wichtige Brückenfunktion zwischen den eher
bewussten und logischen Anteilen eines Gespräches und dem oftmals weniger bewussten und stärker emotionalen Anteil. Menschen
vermögen nur bedingt, mit abstrakten Gedanken ihre Emotionen
auszudrücken. Sie benötigen dazu Bilder, die sich dann wiederum
in Sprache äußern. Ob sich jemand stark oder »stark wie ein Löwe«
fühlt macht einen Unterschied: Durch das eingebrachte Bild ist die
Kraft des »Königs der Tiere« zusätzlich präsent und die Aussage
wird dadurch verstärkt.

Werden Bilder vonseiten des Anfragenden in das Gespräch eingebracht, empfiehlt es sich sehr, diese als Gesprächsführende:r aufzunehmen und zu nutzen, entweder um im Gesprächsgang etwas in
eine Richtung *zu präzisieren* oder um eingefahrenes Denken gezielt
zu verstören.

Ein Beispiel: Der Anfragende sagt nach Schilderung eines Sach-
verhaltes:

A: Das hat mir das Herz gebrochen.

Der Gesprächsführende kann nun klassisch mäeutisch weiterfragen:

G: Und was kann es wieder heilen ↓

Er hat jedoch auch die Möglichkeit, das Bild des gebrochenen Herzens aufzunehmen und fragetechnisch so zu steuern, dass noch mehr aus der Innenwelt des Anfragenden sichtbar wird. So wird dem Anfragenden oftmals schneller deutlich, in welche Richtung sich ein möglicher Denk- und Lösungsweg abzeichnet. Ein präzisierender Impuls könnte sein:

> G: *Was ist nun in der einen Hälfte Ihres Herzens – und was in der anderen* ↓

Das geht natürlich auch verstörender:

> G: *Welcher Operation bedarf es, um Ihr Herz wieder zu heilen* ↓

Nimmt man vom Anfragenden eingebrachte Bilder mäeutisch auf, bedarf es eines genauen paraverbalen Betonens und einer starken Verlangsamung im Sprechen. Nur so wird der Anfragende überhaupt in die Lage versetzt, das von ihm meist unbewusst verwendete und vom Gesprächsführenden aufgenommene Bild mit seiner konkreten Sachproblematik zu verknüpfen. Und: Je größer die Verstörung desto freundlicher und zugewandter muss sie vorgetragen sein! Es braucht die para- und nonverbale Unterstützung, damit der Gesprächspartner das positive Lösungspotenzial entdeckt. Das Interessante an der Arbeit mit Bildern ist, dass dem Anfragenden in der Regel selbst schnell klar wird, wie er das von ihm eingebrachte Bild als Lösungshilfe für sein Problem verwenden kann.

Sprachbilder werden verwendet, um eine Aussage besser zu veranschaulichen. »Ich habe eine Odyssee hinter mir« will in Erinnerung an die zehnjährige Irrfahrt des griechischen Helden Odysseus verdeutlichen, dass die Reise länger war als gedacht. »Es ist fünf vor zwölf« steht dafür, dass die Zeit knapp wird, weil um zwölf in früheren Zeiten mit dem Glockenschlag ein neuer Zeitabschnitt begann. Manchmal hat sich ein Sprachbild allerdings auch von seinem ursprünglichen Hintergrund gelöst. Wer stellt heute noch beim Reden von »08/15« den Bezug zu dem namensgebenden Maschinengewehr aus dem ersten Weltkrieg her? Dennoch wissen alle, dass mit »08/15« etwas Durchschnittliches, Gewöhnliches, manchmal auch Minder-

wertiges gemeint ist. Manche Sprachbilder möchte man sich auch
gar nicht bildhaft vorstellen (»Das kotzt mich an«, »Ich stecke bis
zum Hals in der Sch****«).

Die am meisten verwendeten bildlichen Sprachmittel sind Metaphern und Vergleiche. Metaphern sind sprachliche Ausdrücke, bei
denen Worte aus einem bestimmten Bedeutungszusammenhang
in einen anderen übertragen werden: »Auf Wolke sieben sitzen«,
»Schmetterlinge im Bauch haben«, die Angelegenheit als »Schnee
von gestern« betrachten oder sich über einen Kunden ärgern, der
»mit allen Wassern gewaschen« ist – all das sind Methapern. Ist
direkt vor dem Sprachbild hingegen noch ein »wie« vorhanden, dann
handelt es sich um einen Vergleich: Da verhält sich jemand »wie
die Axt im Walde«, das steht fest »wie das Amen in der Kirche«, der
ist schlau »wie ein Fuchs«. Sowohl bei Metaphern als auch bei Vergleichen wird die ursprüngliche Aussage in eine ganz bestimmte
Richtung bildlich »ausgemalt«. Dies geschieht – wie gesagt – längst
nicht immer mit Absicht, sondern oft intuitiv und beiläufig. Es weist
damit immer auf einen bestimmten Aspekt der Tiefenstruktur des
Gegenübers hin.

Mit Blick auf die Kunst, Gespräche auf den Punkt zu bringen,
ist es zunächst wichtig, sich für Sprachbilder und Redewendungen
zu sensibilisieren. Es ist interessant zu hinterfragen, aus welchen
(ursprünglichen) Bedeutungskontexten Sprachbilder und Redewendungen kommen und warum unser Gegenüber diese wohl verwendet. »Da müssen wir die Spreu vom Weizen trennen« oder das
Thema »beackern« sind Bilder aus der Landwirtschaft. »Das geht
nahtlos ineinander über«, da ist ein Projekt »auf Kante genäht«
oder hat jemand beim Reden »den Faden verloren« entstammen
dem Schneiderhandwerk. Sätze wie das »trifft ins Schwarze«, der
»überspannt den Bogen«, schießt »über das Ziel hinaus«, hat »Lade-
hemmungen« oder das »ging nach hinten los« sind Begrifflich-
keiten aus dem (Bogen-)Schießen. Mit ein wenig Aufmerksamkeit
und Übung wird einem schnell deutlich, wie vieles von unserem
Reden auf Bilder zurückgreift, sei es aus den Bereichen Wetter
(»aufbrausen«, »gut Wetter machen«), Sport (»am Ball bleiben«,
»mehrere Anläufe nehmen«), Auto-Technik (»Gas geben«, »auf die
Bremse treten«), der Kriegsführung (»sein Waterloo erleben«, sich

»verschanzen«) oder auch dem Computerbereich (»kein Backup haben«).

Da Bilder immer mehrdimensional, mehrschichtig und interpretationsoffen sind, lässt sich – sowohl für den Anfragenden als auch für den Gesprächsführenden – an unterschiedliche Aspekte des Bildes anknüpfen. Nicht nur reale Bilder, auch Sprachbilder sind interpretationsoffen. Die Kunst besteht darin, ein vom Gegenüber angebotenes Bild mit mäeutischen Fragen so aufzunehmen, dass der Anfragende mittels dieses Bildes den Transfer in seine eigene Problemwelt schafft. Er begibt sich an diesem Punkt mithilfe des Bildes und der Bilderwelt auf einen möglichen Lösungsweg.

Nehmen wir folgendes Sprachbild als Beispiel:

> A: *Das ist ein Kampf David gegen Goliath.*

Sprachlich wird hier zurückgegriffen auf eine bekannte biblische Geschichte, in der der Hirtenjunge David mit einer Steinschleuder gegen den Riesen Goliath kämpft. Wie detailliert die Geschichte dem Gegenüber tatsächlich vertraut ist, kann der Gesprächsführende vielleicht erahnen, aber nicht wirklich wissen. Es könnte jedoch trotzdem einen Versuch wert sein, eben mit diesem angebotenen Bild zu arbeiten und darüber den Anfragenden auf den Punkt zu bringen:

> G: *Wo finden Sie als David jetzt den passenden Stein ↓*

Da das Bild und in diesem Fall die dahinterstehende Geschichte mehrdimensional ist, lässt sich bildlich in vielerlei Richtungen anknüpfen:

> G: *Goliath ist zwar riesig, geht aber dann doch zu Boden ↓*
> (*Wie werden Sie dahinkommen ↓*)

Oder:

> G: *David damals scheut den Kampf nicht und siegt am Ende. Was heißt das für Sie ↓*

Es setzt einiges an Gespür seitens des Gesprächsführenden voraus, ob das Aufnehmen von dargebotenen Bildern der »elegantere« und zielführendere Weg ist, oder ob die damit verbundene Verstörung vielleicht doch nicht hilfreich für den Fortgang des Gespräches ist. Entscheidend ist, ob der Anfragende in seiner inneren Bilderwelt hier anzudocken vermag oder nicht.

2   Sprachbilder einbringen

Nun kann es sein, dass sich aus der Sprach- und Bilderwelt des Anfragenden nichts Passendes findet. Dann bleibt die Möglichkeit, als Gesprächsführende:r selbst ein eigenes Bild in das Gespräch einzubringen. Dies geschieht in der Absicht, dem Anfragenden hierdurch einen neuen Impuls mit Blick auf die Lösungssuche zu geben, diesmal allerdings aus dem Erfahrungsschatz und damit der Tiefenstruktur des Gesprächsführenden. Dies konfrontiert die bisherigen Lösungsversuche des Anfragenden mit einer ungewohnten, weil fremden Perspektive. Gerade in Gesprächen, die sich schwierig gestalten und bei denen offenbar eine momentane Lösungsblockade vorliegt, kann ein Einbringen von neuen Sprachbildern seitens des Gesprächsführenden einen vermeintlich toten Punkt überbrücken.

Wichtig ist, dass dem Anfragenden mit dem Bild keine Lösung vorgeschlagen wird. Das wäre ein Verstoß gegen die Grundsätze des bisher Dargestellten. Ziel ist vielmehr, dass auf unterbewusstemotionalem Weg die Lösungsblockade gelöst wird, damit der Anfragende sich selbst wieder auf den Weg machen kann.

Bringen Sie eigene Bilder ein, sollte dies vorbereitet geschehen. Wenn Sie vor dem Einbringen eine kleine Zäsur setzen, erhöhen Sie nicht nur die Spannung und Neugier, sondern erleichtern damit Ihrem Gegenüber auch den Einstieg in die fremde Bildwelt. Einleitungssätze können unter anderem sein:

> *G: Was Sie schildern erinnert mich gerade an ...*

> *Vor vielen Jahren habe ich mal gehört ...*

> *Es gibt da ein Sprichwort/einen Ausspruch/eine Geschichte ...*

Dabei liegt es natürlich an den jeweiligen Vorlieben, Erfahrungen und der Übung des Gesprächsführenden, welche Bilder und damit verbundene sprachliche Formen genutzt werden. Z. B. ein Vergleich:

> G: Bei dem, was Sie mir erzählen, habe ich ein Bild, als wären Sie eine Marathonläuferin auf den letzten zehn Kilometern ...

Oder eine Weisheit:

> G: Es gibt eine Weisheit aus Mali: »Es ist besser, mit drei Sprüngen zum Ziel zu kommen, als sich mit einem das Bein zu brechen.«

Oder Sprichwörter:

> G: Wissen Sie, meine Großmutter, die Sprichwörter liebte, sagte immer: »Wenn man den Teufel an die Wand malt, dann kommt er.«

Zitate oder Aphorismen können ebenfalls als Impulse dienen:

> G: Der Menschenfreund Albert Schweitzer hat einmal gesagt: »Das schönste Denkmal, das ein Mensch bekommen kann, steht in den Herzen der Mitmenschen.«
>
> Oder:
>
> Aus China ist der Satz überliefert: »Wenn der Wind der Veränderung weht, bauen die einen Windmühlen und die anderen Mauern.«

Warum ist das Einbringen von Sprachbildern so ein pfiffiger, jedoch auch anspruchsvoller Weg?

Die in Kapitel II beschriebene Gesprächsführung geht Schritt für Schritt vor: Als Gesprächsführende:r hören Sie auf die Sprache Ihres Gegenübers, prüfen, an welchen Worten sich gut andocken lässt, nehmen diese Worte auf und setzen mit ihnen den entsprechenden mäeutischen Impuls. Hier und da mag es die ein oder andere Abweichung vom stringenten Weg geben. Insgesamt ist das Gespräch aber weitgehend linear. Es ist – wie die folgende Skizze darstellt – eine gute und »sichere« Punkt-für-Punkt-Vorgehensweise:

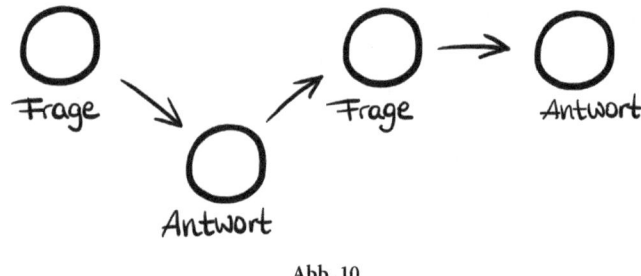

Abb. 10

Das Einbringen eines Bildes gibt diesem Geschehen allerdings einen deutlich vielschichtigeren bzw. »fetteren« Impuls. Der Anfragende hat im Abgleich mit seiner inneren Welt die freie Wahl, welcher Aspekt des Bildes ihn am meisten anspricht und welchem Punkt innerhalb des angebotenen Bildes er für das weitere Gespräch folgen möchte. Schematisch sieht dies dann so aus:

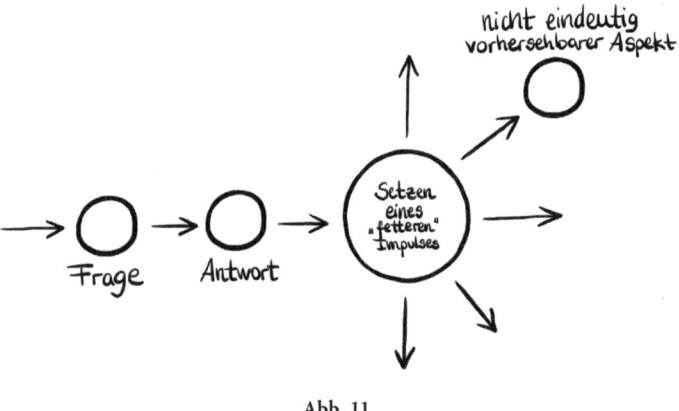

Abb. 11

Oftmals werden dadurch Zwischenschritte und Zwischenüberlegungen des Anfragenden übersprungen. Der Anfragende kommt von sich aus durch dieses Bild gezielter und schneller auf den Punkt als ohne. An der Reaktion Ihres Gegenübers merken Sie als Gesprächsführende:r schnell, ob das Bild etwas auslöst oder nicht. Trifft der bildhaft gesetzte mäeutische Impuls, wird der Anfragende Zeit zum

Überlegen brauchen, bis er reagiert. Das ist für Sie als Gesprächs-führende:n ein gutes Zeichen. Nun können Sie einigermaßen gewiss sein, dass Sie eine neue Denkbewegung ausgelöst haben. Passt Ihr Bild nicht, setzt der Anfragende zuweilen als Reaktion darauf ein eigenes Bild ein. Dieses können Sie dann aufnehmen und damit das Gespräch fortsetzen. Auf keinen Fall sollten Sie aber dem Anfragenden eins Ihrer Bilder aufdrängen oder auf einem bestimmten Aspekt beharren. Das Einbringen muss stets ein Angebot sein und bleiben. Doch in den meisten Fällen wird der Anfragende Ihr Angebot nicht ablehnen. Denn ein einigermaßen passendes Bild ist für den Anfragenden als Deutungs- und mögliche Lösungshilfe immer noch attraktiver, als in der Misere stecken zu bleiben.

3   Geschichten strategisch erzählen

Eine Steigerung gegenüber dem Einbringen von Bildern ist das Einbringen einer Geschichte. Auch dies bietet sich im Verlauf eines Gespräches vor allem dann an, wenn Blockaden vorliegen und der Gesprächsführende Bewegung in die Lösungssuche des Anfragenden bringen möchte.

Durch das Erzählen von Geschichten vermitteln Menschen seit jeher Erlebnisse, Erfahrungen, Ideale, Sehnsüchte und Träume. Geschichten vermitteln in der Regel nicht nur etwas, das geschehen ist (also eine Sachinformation), sondern auch, was Menschen dabei erlebt oder bewegt hat (die Emotionen). Durch das Einbringen einer Geschichte wird Ihr Gegenüber gewöhnlich in eine andere Bilder- und Emotionswelt eingeladen. Dadurch wird noch einmal anders zugehört, als wenn nur eine Sachbotschaft vermittelt wird.

Nun will eine Geschichte ja nicht um der Geschichte willen erzählt werden, sondern sie soll eine Funktion erfüllen. Sie soll einen Beitrag leisten, dass dem Gegenüber mittels der Geschichte ein Transfer auf die eigene Situation gelingt. Dabei ist ein großer Vorzug von Geschichten, dass sie Komplexes mit wenigen Worten anschaulich machen können.[17] Dadurch entsteht nicht selten eine Verblüffung und nicht zuletzt eine Verblüffung über Lösungsmöglichkeiten. Geschichten helfen zudem, eine gewisse »Ja-aber«-Struktur zu umgehen. Sie bieten keine klar definierte Antwort, sondern fördern eine Lösungs-

richtung, besser noch: eine Suchhaltung. Trifft eine Geschichte die
Situation, wird der Anfragende dadurch angeregt, in seiner Tiefenstruktur nach Lösungsmöglichkeiten zu suchen.

Ein berühmtes literarisches Beispiel, wie das Einbringen einer
Geschichte zu einer Lösung führt, findet sich in der Bibel in der
Erzählung vom »Barmherzigen Samariter«. Die eher rationale Aus-
gangssachfrage des Anfragenden: »Wer ist denn mein Nächster?«,
wird von Jesus als Gesprächsführendem mit einer emotionalen
Geschichte beantwortet, die so berühmt geworden ist, dass der Ter-
minus »Barmherziger Samariter« auch heute noch für selbstlose Hilfe
steht.[18] Durch das Einbringen dieser Geschichte wird die »Ja-aber«-
Struktur durchbrochen und dem Anfragenden am Ende klar, dass
die Frage eigentlich heißt: »Wem werde ich zum Nächsten?«

Wenn Sie eine Geschichte erzählen, bewirkt das noch nicht automatisch den »Durchbruch«. Es kommt auf dreierlei an:

– *Die richtige Geschichte* im richtigen Zusammenhang zu finden,
   ist die Basis. Dazu ist es notwendig, erst einmal für sich selbst
   zu entdecken, welche Ihnen bekannten Geschichten Lösungspotenzial haben. Welche haben Sie als Kind, als Jugendliche,
   als Erwachsener geprägt oder waren Ihnen in einer konkreten
   Situation eine Hilfe? Was haben Sie gesehen, gehört, gelesen
   oder erlebt? Dabei ist es völlig egal, aus welcher Quelle diese
   Geschichten kommen: Sagen, Märchen, Gedichte, Romane,
   Theaterstücke, Filme und natürlich eigenes Erleben.[19] Die
   Hauptsache ist, dass sie Lösungspotenzial haben. Einen Fundus an guten Geschichten zu sammeln, braucht Zeit.[20] Aber
   es lohnt sich, diesen Fundus sukzessive zu erweitern, um für
   immer mehr Momente Passendes auswählen zu können.

– Die zweite Herausforderung ist, *das richtige Timing* zu finden: Wann ist eine Geschichte passend und wann im Verlaufe
   eines Gespräches kann sie eingebracht werden? Hierfür lassen sich kaum generelle Empfehlungen geben. Es ist ein wenig
   wie mit dem Erlernen eines Instrumentes: Bücherlesen und
   Tipps sind hilfreich, jedoch erlernen Sie es allein durch Ausprobieren und Üben. Hier gilt in besonderem Maße die Weisheit: »Erfahrungen kann man nicht lernen, Erfahrungen muss

man machen.« Einen Tipp können wir Ihnen jedoch geben: Gehen Sie hier in besonderem Maße von sich selbst aus: Wenn sich Ihnen zu dem Gesagten eine Geschichte aufdrängt, dann erzählen Sie diese. Die Reaktion des Gegenübers zeigt sehr schnell, ob es nur Ihre persönliche Assoziation war oder auch beim anderen ein Aha-Effekt einsetzt. Schlimmstenfalls wird er mit der Frage »Was soll mir das sagen?« um Präzisierung bitten. Dann können Sie immer noch klassisch-mäeutisch fortfahren.

– Das Besondere ist schließlich, die *Geschichte strategisch* zu erzählen. Das meint, die Geschichte situativ konzentriert so einzubringen, dass sie optimal ihre Wirkung entfalten kann. Die erzählte Geschichte muss dabei weder original-textgetreu noch mit sämtlichen Details erzählt werden. Entscheidend ist, dass sie zielstrebig und inspirierend auf die jeweilige Situation des Anfragenden hin erzählt wird. Das geht oft in nur wenigen Sätzen und deutlich unter einer Minute! Dabei werden alle für das augenblicklich anstehende Thema unwesentlichen und »überflüssigen« Details weggelassen und die Geschichte auf wenige Erzählzüge verkürzt. Denn jedes Wort, das überflüssig ist, schwächt die Wirkung der Geschichte ab.

Will man z. B. jemanden, der sich in Rollenerwartungen eingezwängt fühlt, eine Alternative dazu vor Augen stellen, reichen wenige Andeutungen:

> G: Ich kenne da ein Mädchen, das hat auf solche Sachen gepfiffen. Die tat, was sie wollte, trug Klamotten, die sie wollte, und schloss Freundschaften, mit wem sie wollte. Sie wurde berühmt als ... Pippi Langstrumpf.

Weder Herr Nielsson (der Affe), Kleiner Onkel (das Pferd), Tommy oder Annika (die Freunde) noch die Villa Kunterbunt werden genannt. Sie sind für das strategische Ziel nicht notwendig und brauchen daher keine Erwähnung.

Das mit Blick auf die Lösungserweiterung des Gegenübers Entscheidende beim strategischen Erzählen ist, dass die Geschichte einen öffnenden (womöglich sogar spannenden oder überraschenden) Schluss hat. Denn beim Anfragenden sollen ja neue Perspektiven eröffnet und Hoffnung geweckt werden.

Ist die Geschichte passend eingebracht, sollte sie auf keinen Fall im Anschluss erklärt oder interpretiert werden. Das obliegt allein dem Anfragenden. Und seine Reaktion darauf ist der Gradmesser, ob die eingebrachte Geschichte passend oder unpassend war. Es ist stets der Anfragende, der entscheidet, ob und wo er andocken möchte. Wenn sich der Anfragende gegen Ihre Geschichte entscheidet, sollten Sie als Gesprächsführende:r dann auch nicht erläutern, warum Sie gerade diese Geschichte erzählt haben bzw. was Ihre Interpretation ist.

Ein Beispiel: Ein Student kann sich nicht zwischen mehreren Studienfächern entscheiden. Wieder und wieder wägt er die Vorzüge und Nachteile ab und springt gedanklich hin und her. Da versucht der Gesprächsführende ihn mittels einer Geschichte aus seiner offensichtlichen Lösungsblockade zu locken:

> G: Wissen Sie .... Mir fällt da eine Geschichte ein:
> Es war einmal ein Zentaur, der war halb Mensch und halb Pferd. Eines Nachmittags überkam ihn Hunger. »Was soll ich essen?«, dachte er. »Ein Linsengericht oder Klee?« Und da er sich nicht entscheiden konnte, aß er nichts. Die Nacht brach herein. »Wo soll ich wohl schlafen?«, dachte er. »Im Stall oder im Hotel?« Und weil er sich nicht entscheiden konnte, schlief er nicht. Weil er weder aß noch schlief, wurde der Zentaur krank. »Wen soll ich bloß herbeirufen?«, dachte er. »Einen Arzt oder einen Veterinär?« Und weil er sich nicht entscheiden konnte, starb der Zentaur schließlich an seiner Krankheit.[21]

Die Geschichte bleibt erst einmal unkommentiert im Raum stehen. Der junge Mann überlegt längere Zeit, nickt dann und sagt: »Sterben will ich auf keinen Fall ...!« Mittels der Geschichte aus einer anderen Bilderwelt war ihm etwas klar geworden. Und von dieser neuen Erkenntnis aus wurde die Suche nach einem Lösungsweg fortgesetzt.

Stefan Hammel schreibt in seinem Handbuch für therapeutisches Erzählen:

»Was immer eine Pointe hat, einen spannenden, offenen Schluss, ein wünschenswertes oder auch abschreckendes Beispiel, das kann herausführen aus der Erstarrung im Problemerleben und kann zur Lösungssuche anregen.«[22]

Gerade auch in der Rückschau von Gesprächen erweist sich eine gut eingebrachte Geschichte oft als das, was lange haften bleibt. Die Geschichte wird behalten, weil sie in diesem konkreten Moment hilfreich war. So verwendet geben Geschichten Gesprächen einen besonderen Pfiff, indem sie einen neuen Lösungsweg öffnen und damit letztendlich das Gespräch samt Anliegen auf den Punkt bringen.

IV Was noch zur Meisterschaft gehört

Wir haben Ihnen bis hierher die Theorie und die dazugehörige Haltung, acht Kostbarkeiten sowie den besonderen Pfiff serviert. Doch es fehlen noch ein paar Kleinigkeiten, damit Sie selbst Gespräche meisterlich auf den Punkt bringen können. Jede gute Küche zeichnet sich – neben entsprechender Erfahrung – dadurch aus, dass die entsprechenden Geschmacksnoten in der richtigen Mischung vorkommen und gut abgestimmt sind:

- Zum einen durch die richtige Balance zwischen den Wünschen der Gäste und dem, was Sie anbieten können und wollen. Allerweltsgerichte gibt es in jedem Imbiss. Ein gutes Restaurant jedoch weiß, was den Gästen schmeckt, und verleugnet dabei seine eigene Note nicht.
- Sodann das Wissen um die eigenen Grenzen. Kulinarisch wie kommunikativ muss man wissen, was geht und was man besser lässt. Nur so bleibt man sich selbst und denen, die zu einem kommen, treu.
- Und schließlich die Bereitschaft, Gerichte immer wieder zu verfeinern, Erfahrungen und Rückmeldungen aufzunehmen und sich durch Übung stetig zu verbessern.

Alles drei sei Ihnen in diesem Kapitel ans Herz gelegt.

1 Die Interaktion im Gespräch

Die Interaktion in einem Gespräch, besonders in einem Gespräch, das sie auf den Punkt bringen wollen, hängt von vier Faktoren ab:

- Ihrem »aktiven Verhalten«: Ihrem Sprechen.
- Ihrem »passiven Verhalten«: Ihrer Zuhörfähigkeit.
- Ihrer Achtsamkeit nach innen: Wie gut Sie auf sich und Ihre inneren Stimmen hören können.

– Ihrer Achtsamkeit für das Gegenüber: Wie gut Sie beim anderen, also beim Anfragenden, sein können.

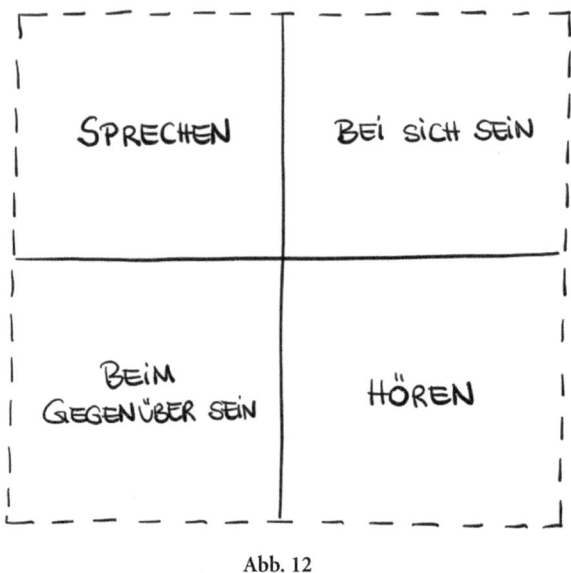

Abb. 12

Ihr Gespräch wird dann erfolgreich sein, wenn diese vier Faktoren – dem Gespräch und dem Gesprächsverlauf angemessen – in Balance sind. Dabei gibt es in Gesprächen kein statisch feststehendes Verhältnis der vier Faktoren, sondern je nach Gesprächsverlauf, Gesprächssituation und Gesprächspartner kann sich die Angemessenheit der einzelnen Faktoren verschieben.

Sprechen

Bei diesem Faktor der Interaktion geht die Balance verloren, wenn Sie zu viel reden. Sie nehmen dem Gesprächspartner damit die Möglichkeit, einen eigenen Weg zu finden und zu einer eigenen Lösung zu kommen. Viel Sprechen und sich ins Gespräch einbringen mag vielleicht engagiert wirken, ist aber einengend. Sie sind dann wie der Steuermann, der dem Kapitän fortwährend Vorschläge macht, was getan werden könnte, anstatt dessen Entscheidungen abzuwarten.

Ihr Sprechen ist ausbalanciert, wenn Sie mit präzise formulierten mäeutischen Fragen Karussellfahrten des Anfragenden unterbrechen und Ihre Sprache dabei eine wertschätzende Haltung ausdrückt. Genauso, wenn Sie es mit kurzen Impulsen schaffen, den Anfragenden auf seinem Weg zu einem neuen ersten Schritt zu aktivieren, und Sie all dies noch gut non- und paraverbal unterstützen.

Zuhören

Wenn Sie Ihrem Gesprächspartner nur still zuhören oder wortkarg sind, besteht die Gefahr, dass dieser Sie als desinteressiert wahrnimmt. Es ist ein Unterschied, ob man dem anderen den notwendigen Raum für Selbsterkundung gibt oder ob man in einem Gespräch alles duldet. Denn wenn Sie dem Anfragenden alles überlassen, besteht die Gefahr, dass Sie die Kontrolle über das kommunikative Geschehen verlieren und so Ihrer Rolle als Steuermann nicht mehr gerecht werden.

Ausbalanciertes Zuhören ist ein aktiver Prozess. Dazu gehört, aufmerksam und interessiert auf die Sprache des Anfragenden zu hören, das eine oder andere durch die eigene Körperhaltung und Mimik zu spiegeln und vor allem auf die Hoffnungssignale des Anfragenden zu achten, um seine Ressourcen gezielt aktivieren zu können. Ausbalanciertes Zuhören ist also weit mehr als einfach nur still dasitzen und hören.

Bei sich sein

Nur oder ganz bei sich zu sein, kann Unterschiedliches bedeuten. Es kann sein, dass man zu sehr auf seine inneren Stimmen hört und dabei die Stimme des anderen fast überhört. Das passiert leicht, wenn Sie das Thema oder Problem selbst betrifft. Dann sind Sie mit sich selbst beschäftigt und nicht mehr mit Ihrem Gegenüber. Letztlich haben Sie dann ein zu hohes Eigeninteresse. Es kann Ihnen auch dann passieren, wenn Sie das Gegenüber oder das Thema nicht interessiert und Sie aus Langeweile abschweifen oder gedanklich schon beim nächsten Termin sind.

In einem ausbalancierten Sinn sind Sie bei sich, wenn Sie darauf achten, welche inneren Stimmen Sie in Bezug auf das Thema wahrnehmen. Auch, wenn Sie es schaffen, Ihrer inneren Landkarte nachzuspüren und zu unterscheiden, wo Sie auf Ihrer Landkarte stehen und wo das Gegenüber auf seiner. Sie müssen »bei sich sein«, um die Schlüsselwörter Ihres Gegenübers zu finden und diese zum richtigen Zeitpunkt ins Gespräch einbringen zu können. Dabei ist es eine besondere Kunst, dass Sie die inneren Stimmen, die sie eigentlich gerade nicht hören wollen, die aber für das Gespräch hilfreich sein können, nicht wegdrücken, sondern wahrnehmen und möglicherweise auch ins Gespräch einbringen.

Beim Gegenüber sein

Es ist auch möglich, dass man zu sehr beim Gesprächspartner ist, z. B. wenn man zu sehr mit dem anderen mitleidet. Es kann passieren, dass Ihre Beziehung im Gespräch dann zu symbiotisch wird und Sie Ihren Aufmerksamkeitsfokus zu sehr beim Anfragenden haben. Dann fällt es schwer, sich selbst noch wahrzunehmen.

In einem guten Sinn sind Sie beim Gesprächspartner, wenn Sie auf seine Sprache achten. So merken Sie am besten, welche Begriffe für ihn eine besondere Bedeutung haben oder emotional aufgeladen sind. Sie bekommen damit einen Einblick in die innere Landkarte des anderen und vermitteln ihm durch Ihre Aufmerksamkeit Ihre Wertschätzung.

Die Kunst, ein guter Steuermann in Gesprächen zu sein, liegt darin, diese vier Faktoren in eine angemessene Balance zu bringen. Es gilt, sowohl wahrzunehmen, was der Anfragende wie auch die jeweils eigenen inneren Stimmen sagen, als auch, wie die Anteile des Sprechens und die Anteile des Zuhörens verteilt sind:

Es geht also um ein Sich-Bewegen innerhalb des Koordinatensystems, ohne dabei einen Bereich zu verlassen. Priorität haben immer die Äußerungen des anderen. Aber auch Ihre eigenen inneren Stimmen spielen eben eine wichtige Rolle. Sie sind Wegweiser und Assistenten für eine gute Gesprächsführung, denn innerhalb eines Gespräches gibt es immer wieder Momente, in denen Sie als Gesprächsführende:r intuitiv entscheiden müssen, wie Sie bestmöglich steuern. Hier helfen Ihnen Ihre inneren Stimmen oft, die richtige Entscheidung zu treffen.

2 Wenn Gespräche nicht auf den Punkt kommen

Die Erfahrung zeigt, dass sich – trotz bestem Vorsatz und allem Können – nicht jedes Gespräch auf den Punkt bringen lässt. In manchen Situationen hat diese Art der Gesprächsführung nicht den gewünschten Effekt. Sie bewahren sich und Ihr Gegenüber vor einem womöglich beiderseitig frustrierenden Gespräch, wenn Sie schon im Vorfeld um diese Situationen und manche Stolperfallen wissen.

In folgenden Situationen kommen Gespräche in der Regel nicht auf den Punkt:

Wenn es Anfragenden gar nicht um eine Lösung geht.

Es gibt Menschen, die leben nach dem Motto »Besser eine bekannte Hölle als ein unbekanntes Paradies«. Sie setzen sich – wie schon in Kostbarkeit 5 »Unnötige Karussellfahrten vermeiden« beschrieben – im Problemkarussell in eine der passiv-jammernden Gondeln. Ein tatsächlich umgesetzter erster Schritt in Richtung Veränderung oder Lösung ist für solche Menschen eine generelle Infragestellung der eigenen Sicht auf und von sich selbst. Diese Infragestellung durch mäeutisches, also neues gebärendes Fragen, ist gar nicht gewollt. Denn die Wahrscheinlichkeit ist hoch, dass bei einem wirklichen Sich-darauf-Einlassen auch die mittlerweile zur Identität gehörende Erzählung brüchig wird. Als Gesprächsführende:r können Sie in solchen Situationen empathisch bestärkend kommunizieren, aber kaum auf den Punkt kommen.

Wenn Menschen depressiv sind.

Für das gedankliche Herausarbeiten und noch mehr für die Umsetzung eines ersten Schrittes braucht es unabdingbar Energie und den berühmten Funken Hoffnung. Diese Energie fehlt depressiven Menschen oft. Und auch der kurzfristig entfachte Funke verglimmt oft sofort wieder. Sie vermögen mit guter Gesprächsführung Ihr Gegenüber vielleicht kurzfristig auf den Punkt zu bringen. Im Nachgang wird der Anfragende aber kaum hinreichend Energie haben, den vorgenommenen ersten Schritt auch umzusetzen. Zu übermächtig ist die Schwere. Hier – wie auch bei anderen psychischen Beeinträchtigungen bzw. Erkrankungen – sind professionelle Settings gefragt. Ihre Zuwendung als Gesprächspartner:in wird aber trotzdem als wohltuend empfunden werden.

Wenn Anfragende hoch-emotionalisiert sind.

Wenn jemand Sie anspricht z. B. mit »Ich habe gerade eine schreckliche Diagnose bekommen …« oder »Ich bin noch ganz geplättet von der Todesnachricht eben …«, dann geht es meist nicht vorrangig um das Erarbeiten eines machbaren ersten Schrittes, sondern um Anteilnahme und Mitgefühl. Gefragt sind Wertschätzung der emotionalen Befindlichkeit und eine stabilisierende Kommunikation. Eine gute mäeutische Frage mag zu einem späteren Zeitpunkt angebracht sein. Zu früh eingebracht wirkt sie deplatziert, weil der Betreffende vor einem ersten Schritt erst die Situation realisieren muss. In diesem Fall wird eine mäeutische Frage gewöhnlich übergangen.

Wenn Sie als Gesprächsführende:r selbst Bestandteil des Problems sind.

Hier können mäeutische Fragen und die Aufnahme der Sprache des Gegenübers das Gegenteil bewirken. Sie lösen dann nicht Selbsterkundung aus, sondern Aggression. Wenn Sie selbst Bestandteil des Problems sind, geht es um beiderseitige Klärung. Damit sind sowohl das Setting, die Vorgeschichte als auch die grundlegende Beziehung eine andere. So ist z. B. die Rollenverteilung Kapitän – Steuermann, wie in Kapitel I.1 beschrieben, nicht möglich. Gegebenenfalls müssen hier Mittel und Techniken des Konfliktgespräches zur Anwendung kommen. Das beinhaltet auch ein Wahren und gegebenenfalls beharrliches Vertreten eigener Interessen.

Bei nahen Bekannten, Freund:innen oder Familienangehörigen.

Die Art der Gesprächsführung, um Gespräche auf den Punkt zu bringen, wird sich von Ihrer privaten Art zu kommunizieren deutlich unterscheiden. Menschen, die Ihnen nahestehen, merken das sofort und sind irritiert. Sie mögen zwar mit geschultem Ohr etliches hören. Damit erhalten Sie in privaten Kontexten aber noch nicht das Mandat, als Gesprächsführende:r zu agieren. Falls Sie ausdrücklich darum gebeten werden, sollten Sie das Mandat gut klären. Ansonsten belassen Sie es besser bei Ihrer herkömmlichen privaten

Kommunikationsweise. Alles andere könnte als äußerst »schräg« empfunden werden.

Nehmen Sie Gesprächshindernisse wahr, überlegen Sie kurz: Liegt das Hindernis vorrangig in mir und/oder meiner Gesprächsführung begründet oder an Grundvoraussetzungen meines Gegenübers? Wie ein guter Fußballtrainer sein Spiel umstellt, wenn sein ursprünglicher Matchplan und seine eigentlich bevorzugte Spielidee nicht zum Erfolg führen, ist es gut, wenn auch Sie flexibel reagieren, wenn Sie merken, dass etwas in Gesprächen nicht wie gewünscht funktioniert. Dann gilt es, auf eine andere Gesprächstechnik bzw. Gesprächsführung auszuweichen.

Dabei lässt sich auch aus vordergründig »misslungenen« Gesprächen eine Menge lernen. Von Thomas Alva Edison ist der Satz überliefert »Ich bin nicht gescheitert, ich habe 10.000 Wege entdeckt, die nicht funktioniert haben.« Wenn Sie Wege entdecken, die nicht funktionieren – lassen Sie sich nicht entmutigen! Letztlich will immer wieder neu ausprobiert sein, mit welcher Art des Kommunizierens Sie Ihrem Gegenüber in seinem Anliegen am besten gerecht werden. Zum richtigen Gebrauch einer Methode und eines guten Werkzeuges gehören eben auch das Wissen und ein Lernen, wozu es *nicht* zu gebrauchen ist!

3 Übung macht den Meister

Zu Beginn erscheint es fast unmöglich, auf die vielen verschiedenen Schritte zu achten: das Entscheidende hören, Schlüsselworte erkennen, die richtigen Fragen stellen, dabei auf die Beziehung achten, Stimme und Körper gezielt einsetzen, womöglich noch zum richtigen Zeitpunkt Metaphern, Bilder und Geschichten einbringen und etliches andere mehr. Das ist normal!

Sofern Sie einen PKW-Führerschein besitzen – erinnern Sie sich einmal zurück an Ihre ersten Fahrstunden. Als Sie das erste Mal hinter dem Steuer eines Autos saßen, merkten Sie schnell: Die Theorie ist das eine – das alles in der Praxis anzuwenden etwas ganz anderes. So viele Dinge, die man im Blick haben und scheinbar gleichzeitig tun muss! Obwohl Sie oft genug schon Beifahrer:in im Auto waren, ist das eigenständige Lenken eines Fahrzeugs eben doch noch einmal etwas ganz anderes. Mittlerweile werden Sie das Steuern eines PKWs problemlos beherrschen und sich absolut sicher im Straßenverkehr bewegen. Die meisten Dinge tun Sie automatisch, ohne darüber nachzudenken. Ebenso ist es möglich, das Führen von punktgenauen Gesprächen zu erlernen!

Der Vergleich mit dem Erlernen des Autofahrens vermag gut zu verdeutlichen, worauf es ankommt, wenn man Meister:in werden will:

Gute Anleitung

Kein Schüler bekommt seinen Führerschein ohne Fahrlehrer:in. In diesem Buch ist die Theorie, wie sich Gespräche auf den Punkt bringen lassen, komprimiert dargestellt. Sie bildet die Grundlage für eine gute Umsetzung in der Praxis. Das allein wird aber kaum reichen. Für die richtige Anwendung hilft eine gute Praxisanleitung. Diese Anleitung geben Trainer:innen in Seminaren der »Arbeitsgemeinschaft Kurzgespräch« (AgK). In diesen Kursen werden die Kostbarkeiten und die dazugehörende Haltung eingeübt. Das geschieht abgestimmt auf die Spezifika und Anforderung der jeweiligen Berufsgruppe.

Peu à peu vorgehen

Ein Fahrschüler fährt niemals sofort in den Berufsverkehr, sondern er tastet sich langsam heran! Nehmen Sie sich für die nächsten Gespräche zunächst *nur eine Sache* vor. Sei es, dass Sie ganz genau auf die Trennung von Geschichte und Kommentar achten samt der dabei womöglich angebotenen Schlüsselworte (vgl. Kostbarkeit 3 »Entscheidendes hören«). Oder dass Sie sich bewusst auf eine erste richtig gute, womöglich mäeutische Frage konzentrieren (vgl. Kostbarkeit 2 »Richtig gut Fragen stellen«). Oder dass Sie den Fokus darauf legen, wie es sich im Gespräch mit UP-DOWN und IN-OUT verhält. Es geht nicht darum, von Beginn an alles perfekt zu beherrschen; es geht darum, sich peu à peu zu verbessern und in der eigenen kommunikativen Souveränität zu wachsen.

Revue passieren lassen

Nur genaue Beobachtung hilft, den eigenen Fahrstil zu verbessern! Hilfreich ist es, sich anzugewöhnen, im Anschluss an Gespräche kurz für sich innezuhalten und sie Revue passieren zu lassen: Waren Karussells im Gang, wenn ja, welcher Karussellfahrer-Typ ist mir begegnet (vgl. Kostbarkeit 5 »Unnötige Karussellfahrten vermeiden«)? Ließ sich schrittweise zum Punkt kommen oder gab es Schwierigkeiten (vgl. Kostbarkeit 6 »Zu Lösungen kommen«)? Ließ sich ein runder Abschluss finden (vgl. Kostbarkeit 8 »Einen runden Abschluss finden«)? Solches Revue-passieren-Lassen erhöht die Kompetenz.

Eine noch vertiefende Form ist das Anfertigen von Protokollen. Das ist zwar aufwendig und wirkt vielleicht ein bisschen »Oldschool«. Aber wenn man sich die Mühe macht, nach einem Gespräch schriftlich ein Gedächtnisprotokoll anzufertigen, fällt es einem oft wie Schuppen von den Augen, welche Kommunikationswege man eingeschlagen hat und welche stattdessen kürzer und hilfreicher gewesen wären.

Fragenschatz anlegen

Wie es beim Autofahren hilft, einige Routen und Hauptstrecken auswendig zu kennen, hilft es beim Kurzgespräch, sich in der Praxis begegnende Anfragen aufzuschreiben, dazu gute Fragen zu formulieren und diese dann quasi wie Vokabeln zu lernen. Ein Satz wie »Ich weiß nicht, was ich machen soll« ist z. B. ein oft wiederkehrender Klassiker. Hier lassen sich aus den Wortfeldern »wissen« und »machen« einige gute Fragen zurechtlegen (vgl. Kostbarkeit 1 »Die Sprache ist der Schlüssel«), sodass Sie diese bei nächster Gelegenheit anwenden können. Ein guter Fragenschatz ist in Gesprächen Gold wert.

Das A und O beim Erlernen einer Gesprächstechnik ist jedoch, dass Sie sich trauen, die neu gelernten Dinge in Begegnungen und Gesprächen auszuprobieren. Dazu können wir Sie ausdrücklich nur ermutigen! Auch schon Kleinigkeiten können sich sehr positiv und gewinnbringend auf Ihre Gesprächsführung und Ihre Gespräche auswirken. Und bei allem gilt die Allerweltsweisheit: »Übung macht den Meister!«

V Just do it! – Anwendungsgebiete

In den vorherigen Kapiteln wurden viele Methoden und die dazu nötige Haltung vorgestellt, wie sich Gespräche zielgenau auf den Punkt bringen lassen. Dabei waren vornehmlich Zweiergespräche in Alltags- und Beratungssituationen im Blick. Etliches von den Methoden lässt sich allerdings auch erfolgreich in andere Situationen und Settings übertragen. Im Folgenden wollen wir an einigen Beispielen aus beruflichen Situationen zeigen, wie das geschehen kann. Und für den Fall, dass Sie einmal ein persönliches Problem mit sich allein klären müssen – auch das geht mit dem Werkzeug des Kurzgesprächs.

1 In Konferenzen und Meetings

Wie beim Zweiergespräch steht und fällt auch bei einer Konferenz alles mit der in Kapitel I.1 dargestellten *Haltung und Rollenklarheit*. Während sich die Haltung nicht ändert, ändert sich die Rollenverteilung in einer Konferenz gegenüber einem Gespräch unter vier Augen jedoch signifikant: Die Teilnehmenden haben deutlich weniger Möglichkeiten der Einflussnahme auf den Verlauf und die Ergebnisse der Konferenz als die Konferenzleitung. Sie setzt schon mit der Aufstellung der Tagesordnung eigene Schwerpunkte, hat mehr Autorität und die ganze Fülle der Leitungswerkzeuge, um Diskussionen zu fördern und zu lenken. Im Extremfall kann sie sogar von ihrer Richtlinienkompetenz Gebrauch machen und eine Mehrheitsentscheidung verhindern. Die Leitung ist in der Regel Kapitän und Steuermann in einer Person, die mit der Mannschaft aktuelle Themen bespricht.

Somit gibt es in solchen Situationen oftmals auch keine wirkliche Begegnung auf Augenhöhe, vor allem wenn die Leitung gleichzeitig Vorgesetzte:r ist. Es bleibt stets eine strukturelle Ungleichheit, ein Autoritätsgefälle zwischen Leitung und Teilnehmenden (UP-DOWN).

Auch die Informationsdifferenz (IN-OUT) ändert sich gegenüber dem klassischen Kurzgespräch: Die Leitung hat in der Regel
ein Globalwissen, das übergeordnete Zusammenhänge, Zwänge,
Abhängigkeiten etc. zum behandelten Thema umfasst. Manche Teilnehmenden verfügen hingegen über Spezialwissen zum behandelten
Thema, welches die Leitung nicht hat. Im Idealfall ergänzen sich
beide, im Extremfall enthalten beide Seiten der jeweils anderen ihren
Wissensanteil vor – ein Gesamtbild kann so nicht entstehen.

Daher sollte sich die Konferenzleitung im Bewusstsein der Differenz bemühen, diese Schieflagen möglichst zu verkleinern. Ein
deutlich flacheres Autoritätsgefälle (UP-DOWN) bewirkt eine deutlich geringere Informationsdifferenz. Eine Leitung, welche die Teilnehmenden in ihrer Kompetenz ernstnimmt und wertschätzt, wird
im Gegenzug von den Teilnehmenden leichter Detailinformationen
erhalten, die einer autoritären Leitung eher verschwiegen werden.
Zudem lässt sich eine Leitung, die das UP-DOWN-Gefälle bewusst
flach hält, nicht so leicht instrumentalisieren. Sie erkennt manipula-
tive Gesprächselemente und -sequenzen besser und lässt sich davon
nicht vorschnell beeinflussen.

Das *Andocken* behält auch in der Konferenz sein Recht. Konfe-
renzteilnehmende und -leitung, die nicht ständig gezwungen sind,
einen Übersetzungsprozess von der Oberflächen- in die Tiefenstruktur der Sprache zu vollziehen, kommen schneller auf den Punkt
und ermüden auch nicht so schnell. Dabei ist in einer Konferenz
der Anteil des gemeinsamen Vokabulars generell relativ hoch. In
jeder Firma gibt es Fachtermini, spezifische Begriffe und geprägte
Ausdrücke, die ein spezifisches »Firmensprech« bilden. Sie helfen
bei der Verständigung, indem sie Interna für alle verständlich auf
den Punkt bringen. Sie können aber auch zu inhaltsleeren Floskeln
mutieren, die eine persönliche Verständigung und inhaltliche Aus-
einandersetzung verhindern.[23] Hier gilt es sauber zu trennen: Andocken will Verständigung erleichtern, nicht verhindern. An einer
inhaltslosen Phrase sollte man jedoch nicht andocken.

Jede Art von *Fragen* hat in einer Konferenz ihr Recht. Und natürlich mag es einmal angebracht sein, einer Sache durch Erhebung von
Informationen oder der Suche nach Ursachen gemeinsam nachzu-
gehen. Dies verlängert die Konferenz aber zwangsläufig und lässt die

Teilnehmenden außen vor, die nicht an dieser Sache beteiligt sind. Mäeutisch gefragt sind jedoch auch die angesprochen, die nicht unmittelbar involviert sind. Deshalb gilt die Faustregel: Informationsfragen und Fragen nach Ursache und Wirkung gehören eher in die Vorbereitung der Konferenz – in die Besprechung mit den unmittelbar Betroffenen. Zukunftsorientierte und zur Selbsterkundung anregende Fragen gehören eher in die Konferenz mit allen Teilnehmenden. Hier können sie ihr Zukunftspotenzial am besten entfalten. Zudem arbeitet man so ressourcenorientiert mit dem Mitarbeitendenpotenzial.

Schlüsselworte haben in einer Konferenz eine Besonderheit: Im Zweiergespräch eröffnen sie den Weg zur Tiefenstruktur des Anfragenden. Bei einer Konferenz hingegen eröffnen sie im Idealfall den Weg zur Behandlung des Beratungsgegenstandes. Durch genaues Hinhören auf identische Begriffe im Vokabular von mehreren Teilnehmenden lässt sich für eine aufmerksame Leitung erkennen, wo die Mehrheit den Schlüssel zur Lösung des Problems sieht.

In manchen Unternehmen, Organisationen und Verwaltungen ist es üblich, die Konferenz mit einem einstimmenden oder fokussierenden Impuls zu beginnen: eine (persönliche) Geschichte, ein Aphorismus, eine Tageslosung o. Ä. Dieser Impuls bietet die Möglichkeit, einen Begriff einzuführen, der die Beratung des folgenden Themas möglicherweise erleichtert. Anders als beim Schlüsselwort im Zweiergespräch kommt dieser Türöffner aber nicht aus dem Sprachschatz der Teilnehmenden. Er wird von der Leitung ausgewählt, mit der Hoffnung, damit die Tür zur leichteren Beratung und Beschlussfassung zu eröffnen.

Bei der Jahreskonferenz eines großen Krankenhausverbundes ging es vor allem um die strategische Frage, ob noch eine weitere Klinik dazukommen sollte. Der Aufsichtsratsvorsitzende eröffnete die Tagung mit folgenden Worten:

»Wir werden in den nächsten beiden Tagen viel besprechen. Und wir werden viel miteinander essen. Ich habe gerade schon einmal einen Blick auf das Büfett heute Abend geworfen. Bei den ganzen leckeren Sachen kommt man ziemlich schnell an den Punkt, an dem man sagt: Zu viel ist einfach zu viel. Ich habe das Gefühl, das gilt nicht nur für das Essen.«

Der Punkt des »Zu viel ist zu viel« wurde im weiteren Verlauf in vielen Redebeiträgen immer wieder aufgegriffen und beeinflusste die nachfolgende Diskussion und Beschlussfassung maßgeblich.

Wohlgemerkt: Der eingebrachte Begriff darf nicht die Lösung selbst sein. Denn Teilnehmende bemerken in der Regel sehr schnell, ob der Beginn eine Interpretationshilfe zur Lösung bieten will oder schon die Lösung selbst präsentiert. Im ersten Fall sind sie eher dankbar, im letzteren eher verstimmt.

Was zum Thema *Geschichte und Kommentar* oben gesagt wurde, lässt sich 1 : 1 auf die Konferenz übertragen: Achten Sie als Konferenzleitung besonders auf die Kommentare. Hier können Sie erkennen, aus welchem Blickwinkel der Sprecher auf das Thema schaut. So bekommen Sie – zusätzlich zum eigenen – ein weiteres und damit erweitertes Bild vom besprochenen Gegenstand.

Ziele sind in einer Konferenz selbstverständlich – oder sollten es zumindest sein. Bei der Vorbereitung sollte große Sorgfalt auf die Zielformulierung für die einzelnen Tagesordnungspunkte gelegt werden.[24] Genauso viel Sorgfalt sollte aber auch auf die Ressourcen und Lösungen gelegt werden. Wer nur eins dieser drei Elemente in den Blick nimmt, muss in der Regel später mit viel Mühe und Aufwand nachbessern, weil sich das Projekt sonst nicht realisieren lässt. Dabei können in einer Konferenz die *Lösungen zweiter Ordnung* noch einmal eine besondere Rolle spielen. Indem man unbefangen in alle Richtungen assoziiert, kommt man oftmals zu einer Lösung, die zunächst überhaupt nicht im Blick war. Mit einem verstörenden Impuls kann die Konferenzleitung einen solchen kreativen Prozess initiieren, wenn sie das Gefühl hat, weiteres Lösungspotenzial wäre vonnöten.

Wie dem Anfang gilt auch dem Ende eine besondere Aufmerksamkeit. Nur selten ist es sinnvoll, so wie in Kostbarkeit 8 beschrieben, alle Beratungsergebnisse selbst noch einmal (wie einen Blumenstrauß) zusammenzufassen. Aber alle Teilnehmenden sollten die Möglichkeit haben, sich zu Verlauf und Ergebnis des Treffens zu äußern. Ein wertschätzendes Feedback, das die Gesprächsatmosphäre und das Engagement der Teilnehmenden würdigt, lässt alle gut auseinandergehen – und erhöht die Wahrscheinlichkeit, dass sich die Qualität von Konferenzen zukünftig verbessert.

2 Bei Mitarbeitendengesprächen

Mitarbeitendengespräche gehören zum festen Führungsinstrumentarium aller modernen Unternehmen, Organisationen und Verwaltungen. Als Definition soll hier die Kurzbeschreibung von Fiege/Muck/Schuler gelten:

> »Unter Mitarbeitergespräch verstehen wir [...] ein institutionalisiertes Gespräch zwischen Führungskraft und Mitarbeiter mit spezifischer Zielsetzung, das aufgrund eines formalen Anlasses fest terminiert wird, ein größeres Zeitbudget erfordert und von beiden Seiten ausreichend vorbereitet werden kann«.[25]

Ist dieses Gespräch fest in die Unternehmenskultur implementiert und wiederholt sich regelmäßig, spricht man auch von Orientierungsgespräch, Jahres- oder Jahresdienstgespräch, Mitarbeitendenjahresgespräch oder regelmäßigem Mitarbeitendengespräch.

In einem solchen Gespräch treffen keine Unbekannten aufeinander. Sie kennen oder schätzen sich (nicht), haben vielleicht auch schon das eine oder andere miteinander erlebt und sind gegebenenfalls noch Mitglieder in anderen Gremien oder Leitungsorganen. Jetzt jedoch begegnen sie sich als Mitarbeitende:r und Vorgesetzte:r. Da kann man noch so laut einen fairen Dialog auf Augenhöhe anmahnen – es bleibt eine grundsätzliche Differenz.

> »Weder beim Vorgesetzten noch beim Mitarbeiter lässt sich das Wissen um die bestehenden Rangunterschiede ausschalten. Daran ändert sich auch nichts, wenn sie sich als Vorgesetzter um einen partnerschaftlichen (kooperativen) Führungsstil bemühen«.[26]

Damit ist die Beziehung zueinander von einer strukturellen hierarchischen Schieflage gekennzeichnet, die sich auch im Gespräch nicht aufheben lässt. Dabei wäre dies für ein Gespräch auf Augenhöhe eminent hilfreich: Der Vorgesetzte sieht in der Regel auf das »große Ganze«, das Gesamtunternehmen oder die Organisation, die globale Strategie usw., ihm fehlt aber meist Detailwissen. Beim Mitarbeitenden ist es dagegen umgekehrt. Er hat in der Regel Detailkenntnisse und Einsichten in die Praxis, die dem Vorgesetzten verborgen sind, dafür jedoch weniger Übersicht über das Gesamte.

Mit anderen Worten: Beide sind Expert:innen für ihren Bereich und die darin zu lösenden Probleme. Beide tragen aber auch Verantwortung für den jeweils anderen Bereich. Konstruktives Feedback und zielführende Vereinbarungen können nur gelingen, wenn sich beide dieses Expertenstatus und der wechselseitigen Verantwortung bewusst sind. Diesen beiderseitigen Status bewusst zu machen, ist die Aufgabe des Gesprächsführenden, hier meist des Vorgesetzten. Entscheidend ist oft schon die Einleitung:

Ich würde mir heute gerne mit Ihnen zusammen Ihre Situation in Ihrem Bereich anschauen. Mir ist dabei auch Ihre Sicht auf mich und unsere Organisation wichtig. Beides hängt zusammen. Sind Sie damit einverstanden?

Hier werden Ziel und Inhalt des Gespräches klar benannt und gleichzeitig wird die Verantwortung beider für den gemeinsamen Arbeitgeber betont.

Diesem Einstieg entsprechen Fragen, welche die Verantwortung beider und das Expertenwissen des Mitarbeitenden in den Vordergrund stellen:

Welcher Teil unseres Leitbildes ist für Ihre Arbeit besonders wichtig?

Welche Erfahrungen aus anderen Bereichen unserer Organisation finden Sie bemerkenswert?

Gibt es Teile oder Aussagen unserer Ausrichtung, die Sie als problematisch ansehen?

Diese die Meinung des Mitarbeitenden wertschätzende Sicht- und Sprachweise bewirkt beim Mitarbeitenden auf Dauer eine entsprechende Reaktion, die dann wiederum wichtige Aspekte für das Gesamtunternehmen zu Tage bringen kann. Entsprechende Äußerungen des Mitarbeitenden könnten dann sein:

> *Diese Erfahrung vor Ort [...] möchte ich unserer Organisation insgesamt
> empfehlen!*
>
> *Welche zukünftigen Veränderungen sehen Sie, die Auswirkungen auf
> mein Arbeitsfeld haben?*
>
> *Diese Überzeugung ist mir selbst und für unsere Organisation beson-
> ders wichtig: ...*

Am Ende des Gespräches stehen – wenn es gut gelaufen ist – vier
Dinge:
- Gemeinsame Zielvereinbarungen
- Vereinbarungen zur persönlichen Entwicklung
- Gegenseitiges, ehrliches Feedback
- Das Gefühl eines guten Gespräches

All dies ist nicht planbar. Aber die Wahrscheinlichkeit, diese Ziele
zu erreichen, ist deutlich größer, wenn man Elemente des Kurzgesprächs beherrscht und versteht, diese anzuwenden. Vor allem
sei hier ein deutlicher Fokus auf die beiderseitigen Ziele und damit
verbunden die Ressourcen genannt. Auch eine die Wertschätzung
unterstützende Körpersprache spielt eine kaum zu unterschätzende
Rolle. Doch die Basis ist und bleibt die konsequente Umsetzung der
Haltung des Kurzgesprächs in kommunikatives Handeln, vor allem
des ersten Punktes »Ich sehe deine Schwächen, baue aber auf deine
Stärken«. Bestimmt dieser Satz unausgesprochen das Gespräch, hat
dies (positive) Auswirkungen weit über das gelungene Gesprächsende hinaus.

3   Bei Workshops, Seminaren und Kursen

Bei Lehrveranstaltungen zum Kurzgespräch bekommen wir häufig
Feedbacks wie »So eine gute Lernatmosphäre habe ich ganz selten
erlebt« oder »Ich habe kein einziges Mal auf die Uhr geschaut«. In
unseren Augen liegt das einerseits an dem spannenden Thema und
andererseits daran, dass wir auf die konsequente Umsetzung der
sechs Haltungsgrundsätze auf Veranstaltungsebene achten.

1. Wertschätzende Haltung zeigt sich dabei darin, dass wir in jedem Teilnehmenden zugleich einen Lernenden und Lehrenden sehen. Wir gehen davon aus, dass jede:r Anwesende Erfahrungen beitragen kann, die nützlich sind, Gespräche auf den Punkt zu bringen. Diesen gemeinsamen Lernprozess initiieren, begleiten und unterstützen wir.

2. Wir als Leitung wissen nicht, wie es den Teilnehmenden geht. Deshalb fragen wir immer wieder danach und richten den Verlauf an diesen Rückmeldungen aus. Den Inhalt gewissenhaft zu vermitteln gelingt nicht, wenn die Teilnehmenden müde, hungrig oder abgelenkt sind. Eine flexible Handhabung der geplanten Veranstaltungsstruktur trägt dem Rechnung. Dies verlangt zwar ein häufiges Umplanen, unterstützt aber eine hohe Vermittlungsquote.

3. Wir setzen unsere Energie nicht dazu ein, über Jahre eingeübte Verhaltensweisen und kommunikative Routinen der Teilnehmenden durch unsere Inhalte zu ersetzen. Wir bieten eine Möglichkeit an, zusätzliche Kompetenzen zu erwerben. Je freundlicher dies geschieht, desto höher ist die Wahrscheinlichkeit, dass dieses Angebot angenommen wird. Zusätzliche Überzeugungsarbeit wird durch Praxisnähe erreicht. In mehrtägigen Kursen folgen auf jede theoretische Einheit Übungen und Praxisbeispiele. Solche Praxisorientierung können wir nur empfehlen.

4. Wir klären, wir unterstützen und manchmal irritieren wir auch. Vor allem aber lachen wir viel. Humor ist das Schmiermittel, das den Veranstaltungsmotor am Laufen hält. Gerade in Formaten, in denen mit Rollenspielen gearbeitet wird, hilft die Betonung des *Spiel*charakters: Kreatives Verändern von Situationen, die Bereitschaft, Fehler zu machen, Hinnehmen, wenn es einmal nicht geklappt hat, ein Neuversuch statt langer Fehleranalysen. All dies kann die Leitung durch die offen gezeigte Fähigkeit, auch über sich selbst lachen zu können, bei den Teilnehmenden erreichen.

5. Wir wissen, dass viele Sachverhalte zu komplex sind, um sich abschließend in einer Veranstaltungs*reihe* angemessen darstellen zu lassen. Wir widerstehen aber der Versuchung, den »Stoff« deswegen so weit zu komprimieren, bis er in die vorhandene Zeitstruktur passt. Lieber lassen wir etwas weg und ermöglichen

stattdessen ein Erfolgserlebnis in einem Teilbereich. Wir vertrauen darauf, dass dies die Lust weckt, sich weiter mit den Teilen zu beschäftigen, die nur angedeutet, aber nicht vertieft werden konnten.

6. Gern bieten wir Folge- bzw. Vertiefungsseminare an. Aber die Struktur ist nicht darauf ausgelegt und die Teilnehmenden werden dazu weder implizit noch explizit gedrängt. Wenn eine Veranstaltung aus Sicht der Teilnehmenden gut gelaufen ist, kommt in der Regel von ihnen selbst die Anfrage »Wie geht es weiter?«.

Wir sind uns sicher: Es lohnt sich, diese Grundsätze nicht nur auf Veranstaltungen des Kurzgesprächs anzuwenden, sondern auch auf andere Bildungsangebote zu übertragen. Denn jedes Bildungsangebot profitiert davon, wenn es in wertschätzender Atmosphäre stattfindet, wenn die Teilnehmenden aktiviert werden und sich selbst als Gestaltende im Lernprozess erleben. Genau dies gelingt, wenn Angebote aus der oben beschriebenen Haltung heraus nicht geleitet, sondern – im Sinne des Kurzgespräches – gesteuert werden.

4 Bei Konfliktgesprächen

Wo immer Menschen zusammenleben und zusammenwirken, gibt es Konflikte. Das liegt in der Natur der Sache. Menschen sind Individuen mit je eigenen Bedürfnissen, Vorstellungen und Zielen, die nie 100 % deckungsgleich mit denen anderer Individuen sind. Die dabei entstehenden Probleme und Konflikte kann man ignorieren, aber klug ist das nicht. Es braucht ein gutes zwischenmenschliches Konfliktmanagement – angefangen bei Partnerschaften bis hin zu Belegschaften.

Natürlich spielt es zunächst eine Rolle, welcher Art das Gespräch ist. Geht es um ein externes Problem, das gemeinsam zu lösen ist? Oder haben wir das Problem untereinander, sprich einen Konflikt? Und bin ich Beteiligte:r in diesem Konflikt oder Moderator:in in einem Konflikt anderer? Gibt es Sachzwänge für diesen Konflikt (z. B. die Ertragslage eines Unternehmens, das zu Personalanpassungen zwingt) oder ist er »hausgemacht«? Gibt es vorgegebene Lösungswege oder sind die Partner:innen in der Lösungsfindung frei? Die

Antwort auf jede dieser Fragen erfordert eine andere Herangehensweise. So gibt es auch kein kommunikatives Universalwerkzeug, das in jedem dieser Fälle greift. Es gibt jedoch einige generelle Kommunikationsrichtlinien, die helfen, auch solche Gespräche auf den Punkt zu bringen.

Die unabdingbare erste Voraussetzung ist die Trennung von Person und Sache – auch wenn diese je nach persönlicher Betroffenheit sehr schwierig sein kann. Sich auf den Inhalt zu fokussieren hilft, die in Kapitel I beschriebene Haltung zu bewahren. Falls Sie die zu Tage tretenden Emotionen trotzdem in den Konflikt hineinziehen, helfen die in Kostbarkeit 5 genannten Hinweise, nicht in das Karussell einzusteigen. Lassen Sie sich mit hineinziehen, wird sich das Gespräch höchstwahrscheinlich »aufschaukeln« und kein gutes Ende nehmen.

Das ist schon nicht leicht, wenn es um wichtige Dinge geht. Wenn dazu noch persönliche Angriffe kommen, gelingt es den wenigsten, Distanz und einen klaren Kopf zu behalten.[27] Umso wichtiger ist es, sich in solchen Momenten nicht von den Emotionen leiten zu lassen, sondern sich auf die Sprache zu konzentrieren. Welche Worte benutzt der andere, um das Problem zu beschreiben? Wo kann ich andocken, um eine gemeinsame Sprachebene zu finden? Welche Worte benutzt das Gegenüber mehrmals? Welche davon können den Weg heraus aus dem Karussell und dem Konflikt weisen?

Gut beraten ist, wer in ein solches Gespräch mit einer eigenen Vorstellung von einer Lösung geht – und mag sie noch so diffus sein. Und noch besser beraten ist der, der in jeder Gesprächspause kurz im Stillen überprüft: Stimmt diese Lösung noch? Hat sie sich verändert? Wie würde ich jetzt, an diesem Zwischenpunkt, mein Ziel definieren? Die anfängliche Lösung muss nicht die beste sein. Und man sollte an keinem Punkt des Gespräches eine Lösung anstreben, von der man nicht mehr überzeugt ist.

Konkretisiert sich im Laufe des Gesprächs eine mögliche Lösung, gilt es, ein Ziel zu definieren und es »PRÜKKA« zu machen. Hier kommt es wieder auf die Art des Gespräches an, ob ich dies mit dem anderen (Partner) zusammen erreichen kann oder dem anderen (Betroffenen) dies mitteilen muss. Auf jeden Fall sollte der nächste Schritt klar und deutlich sein. Das schließt auch den Blick auf die dafür nötigen Ressourcen mit ein.

Das beste Ende ist ein gutes – alle Parteien gehen gleichermaßen zufrieden auseinander.[28] Das ist nicht immer möglich. Aber das Ende sollte zumindest klar und ohne Ressentiments sein. So kann man am ehesten – nach einer gewissen Pause – das Gespräch wieder aufnehmen und es vielleicht doch noch zu einem positiven Ergebnis führen.

5 In der Beratung per Video, Telefon und Chat

Neben präsentischer Face-to-Face-Kommunikation gewinnen digitale Formen immer mehr an Bedeutung. Zwei Bereiche sind zu unterscheiden: die synchrone und die asynchrone Kommunikation. *Synchron* sind alle Formen, in denen das Senden und Empfangen von Nachrichten nahezu zeitgleich erfolgt. Hierzu zählt vor allem die Video-, Chat- und Telefonberatung. *Asynchron* sind die Beratungsformen, in denen Nachrichten zeitversetzt erfolgen und zwischen deren Antworten ein beliebig langer Zeitraum liegen kann. Hierzu zählt vor allem Beratung via E-Mail oder Messenger.

Es ist festzustellen, dass in der Onlinekommunikation gegenüber der Face-to-Face-Kommunikation durch die technische Vermittlung bestimmte Wahrnehmungskanäle reduziert oder ausgeschlossen werden. Selbst wenn z. B. bei einer *Videoberatung* die Ton- und Bildsignale gut sind, gehen dennoch viele non- und paraverbale Gesprächsanteile verloren. Emotionen und Zwischentöne sind damit für das Gegenüber schwieriger oder zuweilen gar nicht wahrnehmbar. Das bewirkt eine größere und oft spürbare Distanz zwischen den Gesprächspartner:innen. Zudem lässt sich nur der Bildausschnitt wahrnehmen, den der Gesprächspartner einen sehen lässt. All das, was ansonsten die Gesprächsatmosphäre mitbestimmt (Raumgestaltung, Düfte, Kleidung und Accessoires) kommen nicht oder nur deutlich reduziert zum Tragen. Das verändert bzw. ernüchtert die Gesprächsatmosphäre. Für Sie als Gesprächsführende:n gilt daher: Es ist notwendig, bei einer Videoberatung die non- und paraverbalen Kommunikationsteile zu intensivieren. Denn es braucht bei medialer Vermittlung ein gesteigertes Maß an spürbarer Zuwendung (»Ich meine es gut mit dir«), damit das Gegenüber sich Ihnen anvertraut. Zudem müssen Gesten deutlich höher (in Gesichtsnähe) platziert werden, damit sie wahrgenommen werden können.

Die Beratung am *Telefon* steht – von den Gestaltungsmöglichkeiten aus gesehen – zwischen Video- und Chatberatung. Der Einsatz nonverbaler Signale entfällt, aber paraverbal kann der Gesprächsgang gut unterstützt werden. Diese Signale werden dabei besonders intensiv wahrgenommen. So bekommt z. B. eine mäeutische Frage – langsam ausgesprochen – eine besonders starke Wirkung, weil sich die Wahrnehmung ganz auf den akustischen Kanal konzentrieren kann.

In Beratungen via *Chat, Messenger oder E-Mail* fällt das nonverbale und paraverbale Steuern komplett weg – das kann auch der Einsatz von Emojis nicht verhindern. Damit wird die Beziehung nochmals ein Stück distanzierter als in einer Videoberatung.[29] Andererseits werden genau deswegen diese Beratungsformen von vielen, vor allem jüngeren Menschen bewusst gewählt: Man kann sich beraten lassen, ohne sich in eine Beziehung begeben zu müssen. Man wird zudem nicht durch andere Reize abgelenkt. Sodann ist der spontane Kommunikationsdruck in der E-Mail-Kommunikation deutlich geringer: Man muss nicht sofort antworten, kann sich also mehr Zeit zum Nachdenken und Reflektieren nehmen. Und nicht zuletzt lässt sich das Gespräch jederzeit und vergleichsweise einfach beenden.

Für Sie als Gesprächsführende:n ist es ein Nachteil, eine verbale Aussage nicht durch non- und paraverbale Signale präzisieren zu können. Der ganze Fokus für das Gelingen des Gespräches liegt auf der guten Formulierung der geschriebenen Interventionen. Es gibt jedoch auch Vorteile: Sie haben mehr Zeit, die passende Formulierung für die nächste Frage oder Intervention zu finden. Und Sie haben jederzeit den Chat- oder Mailverlauf zur Verfügung, um nach Andockmöglichkeiten, Schlüsselwörtern oder Kommentaren zu suchen.[30]

Ein Beispiel aus der Chatberatung soll verdeutlichen, wie Sie auch ohne Einsatz Ihrer Stimme punktgenau kommunizieren können:

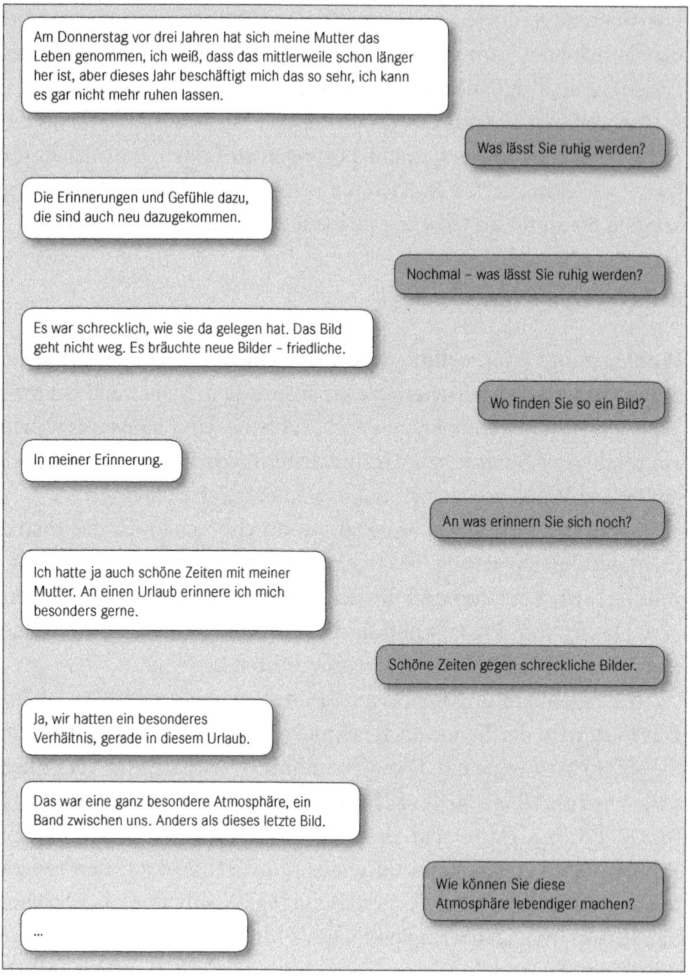

Am Donnerstag vor drei Jahren hat sich meine Mutter das Leben genommen, ich weiß, dass das mittlerweile schon länger her ist, aber dieses Jahr beschäftigt mich das so sehr, ich kann es gar nicht mehr ruhen lassen.

Was lässt Sie ruhig werden?

Die Erinnerungen und Gefühle dazu, die sind auch neu dazugekommen.

Nochmal – was lässt Sie ruhig werden?

Es war schrecklich, wie sie da gelegen hat. Das Bild geht nicht weg. Es bräuchte neue Bilder - friedliche.

Wo finden Sie so ein Bild?

In meiner Erinnerung.

An was erinnern Sie sich noch?

Ich hatte ja auch schöne Zeiten mit meiner Mutter. An einen Urlaub erinnere ich mich besonders gerne.

Schöne Zeiten gegen schreckliche Bilder.

Ja, wir hatten ein besonderes Verhältnis, gerade in diesem Urlaub.

Das war eine ganz besondere Atmosphäre, ein Band zwischen uns. Anders als dieses letzte Bild.

Wie können Sie diese Atmosphäre lebendiger machen?

...

Abb. 13

Der oben angeführte Dialog zeigt, wie es gelingen kann, ganz bei der Sprache des Anfragenden zu bleiben und ihn mit mäeutischen Fragen neue Möglichkeiten entdecken zu lassen.

Im weiteren Verlauf des Chats können Sie weitere Elemente des Kurzgespräches anwenden, um Lösungen zu finden, ein Ziel zu formen und Ressourcen zu aktivieren. Auch ohne den Einsatz der Stimme können Sie somit im Chatgespräch auf den Punkt kommen.

6   Eigenberatung

Probleme und Fragestellungen kommen nicht nur von »außen« auf Sie zu, also durch Menschen, die Sie ansprechen. Manchmal hat man auch selbst zu klärende Fragen und Probleme. Und selbst wenn man ein erfahrener Berater bzw. Gesprächsführende ist, ist man im Blick auf eigene Probleme manchmal unschlüssig oder blockiert.

Etwas, das hilft, diese Blockade zu durchbrechen, ist das Instrument der Eigenberatung.[31] Man kann sich also – richtig angewandt – fundiert selbst beraten und für sich selbst Dinge auf den Punkt bringen. Das ist vom Prinzip her der Chatberatung ähnlich – nur eben, dass man mit sich selbst spricht bzw. schreibt.

Zur Eigenberatung benötigen Sie Stift(e) und ein DIN-A4-Blatt. Das Blatt wird der Länge nach geknickt bzw. in der Mitte mit einem dicken Strich zweigeteilt. Diese Trennlinie ist wichtig! Auf der linken Seite wird als Überschrift »ICH« gesetzt, auf der rechten Seite »ICH-BERATER:IN«. Dann schreiben Sie als ICH Ihre Fragestellung/Ihr Problem auf (1); das kann durchaus reduziert sein auf den zentralen Kommentar zu Ihrer Fragestellung (vgl. Kostbarkeit 3 »Entscheidendes hören«). Danach agieren Sie als Ihr:e ICH-BERATER:IN und schreiben auf, welche Frage Sie Ihrem ICH als ICH-BERATER:IN stellen würden (2). Darauf antworten Sie wieder als ICH (3) und so weiter.

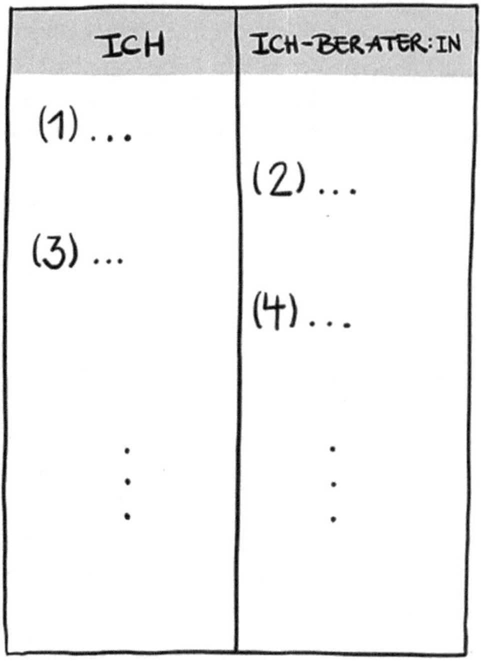

ICH	ICH-BERATER:IN
(1) ...	
	(2) ...
(3) ...	
	(4) ...
. . .	. . .

Abb. 14

Schauen Sie als Ihr:e ICH-BERATER:IN rein nach linguistischen Gesichtspunkten: Was sind in den aufgeschriebenen Worten die Schlüsselworte? Welche mäeutische Frage ist weiterführend? Was braucht es zur Konkretion? Dabei können Sie als ICH-BERA-TER:IN Ihrem ICH auch ruhig stärkere Verstörungen zumuten – es wird Ihnen diese verzeihen.Unabdingbare Voraussetzung für das Gelingen der Eigenberatung ist, dass es nicht zu einer Rollenver-mischung kommt: ICH und ICH-BERATER:IN sind zwei Rollen, die deutlich voneinander zu trennen sind (auch wenn Sie diese natürlich als ein und dieselbe Person ausüben). Dazu muss konsequent nach-einander agiert werden: erst ICH, dann ICH-BERATER:IN, dann wieder ICH, dann ICH-BERATER:IN usw. Gleichzeitig in beiden Rollen zu sein funktioniert nicht – daher ist der Trennungsstrich so wichtig!

Gerade zu Beginn und wenn Sie noch ungeübt sind, ist es durchaus hilfreich, wenn Sie mit dem Wechsel der jeweiligen Rolle auch Ihren Sitzplatz ändern. Mit diesem Positionswechsel ist nicht nur eine deutliche Zäsur gegeben, Sie simulieren damit auch eine reale Beratungssituation. Sprechen Sie zudem Ihr ICH mit »Sie« an, schaffen Sie eine professionellere Distanz. Unterstützend können Sie als ICH und ICH-BERATER:IN mit jeweils verschiedenen Farben schreiben.

Wenn Sie diese Form der Eigenberatung ausprobieren, empfiehlt es sich, nicht direkt mit einem eminent existenziellen Problem anzufangen. Üben Sie erst einmal an einer kleineren Fragestellung, bis Sie methodisch die nötige Sicherheit haben. Hilfreich für den Anfang ist, sich ein Zeitlimit zu setzen (z. B. 10–15 Minuten). Das bewahrt zum einen davor, zu schnell aufzugeben und damit womöglich sich selbst gegenüber unpräzise zu sein. Zum anderen bewahrt es davor, sich zu »verzetteln«. Geben Sie sich lieber – falls noch Zeit gebraucht wird – zum Schluss ein paar Minuten Verlängerung. Am Ende sollten Sie Ihren ersten machbaren Schritt extra markieren und für sich selbst würdigen. Denn auch erste machbare und neu gefundene Schritte in der Eigenberatung sind keine Selbstverständlichkeit!

Das Instrument der Eigenberatung ist mit zahlreichen Teilnehmenden in Kursen zum Kurzgespräch ausprobiert worden. Die meisten sind begeistert, wie schnell und wenig aufwendig – oft gerade einmal mit einer DIN-A4-Seite – sie zu ihrem ersten machbaren Schritt kommen.

VI Auf den Punkt – im Überblick!

Die Kunst, Gespräche auf den Punkt zu bringen, lässt sich leider nicht schlüssig auf wenigen Seiten zusammenfassen. Und dennoch versuchen wir genau das hier zum Abschluss! Wir möchten allen Leser:innen den Einstieg in diese Kommunikationsform so leicht wie möglich machen. Deshalb präsentieren wir hier in Tabellenform die Elemente, auf die es für gute Kurzgespräche ankommt. Wir hoffen, dieser »Spickzettel« hilft, das Wichtigste im Blick zu behalten und gut anzuwenden.

DIE BASIS		
Die Haltung	– Ich sehe deine Schwächen, baue aber auf deine Stärken – Ich weiß nicht, wie es dir geht – sag du es mir – Mich interessiert nicht das Problem – mich interessiert die Lösung – Du bist Expert:in für dein Problem – und damit auch für die Lösung – Wir nutzen die Gunst des Augenblicks – Wir glauben an die Kraft des ersten erfolgreichen Schrittes	Siehe Seite 11 f.
Die Denk- und Suchbewegung	– Weg von der Vergangenheit – hin zur Zukunft – Weg vom Bekannten – hin zu neuen Betrachtungsweisen – Weg von Eingefahrenem – hin zu neuen Möglichkeiten	14

GESPRÄCHSELEMENTE

Genau auf die Sprache des/der Anfragenden hören, Geschichte und Kommentar trennen, auf Schlüsselworte im Kommentar achten. Und dann:

Das ganze Wortfeld nutzen	machen – machbar – Macht ... wissen – gewiss sein – Gewissheit haben ...	36 f.
Nomen in Verben umwandeln und umgekehrt	Rat – beraten Gedanken – denken hoffen – Hoffnung mutig sein – Mut	37
Wenn negativ, dann positives Pendant einbringen	eng – weit schwer – leicht tun – lassen suchen – finden	44
Bilder aufnehmen	Alle Türen gehen zu. → *Welches Fenster öffnet sich* ↓ Das ist ein Kampf wie David gegen Goliath. → *Goliath ist zwar riesig, geht aber dann* *doch zu Boden.*	94 ff.
Fokussieren, wenn (zu) vieles benannt wird	→ *Was nehmen Sie als Erstes in den Blick* ↓ → *Worauf wollen Sie sich jetzt konzentrie-* *ren* ↓ → *Was ist jetzt dran* ↓	45
Zum Kommentar auffordern	*Und ...* ↓ *Und jetzt ...* ↓	49
Aussagen präzisieren	Es nützt nichts ... → *Welchen Nutzen hat ...*	44
Abgebrochene Sätze vervollständigen lassen	Ich fühle mich so leer ... → *Leer wie ein ...* ↓ Ich habe keine Ahnung ... → *Keine Ahnung von was* ↓	43
Ausnahmen von der Regel erfragen	Alle ... → *Wirklich alle* ↓ Immer ... → *24 Stunden am Tag* ↓ → *Wann war es einmal anders* ↓ Nie ... → *Außer, wenn ...* ↓	76
Worte (Komposita) trennen und neu zusammen setzen	Sie sind doch Mitarbeiter ... → *Was wollen Sie mit mir bearbeiten* ↓ Sie als Seelsorgerin ... → *Was besorgt Sie in Ihrer Seele* ↓	58
Liebevolle Übertreibungen	Alle wenden sich gegen mich ... → *Die ganze Welt ist gegen Sie* ↓ Ich werde ständig übergangen ... → *Immer und bei jeder Gelegenheit* ↓	44 f.

GESPRÄCHSELEMENTE

Aussagen (humorvoll) ad absurdum führen	Keiner kommt mich besuchen ... → *Was mache ich dann hier* ↓ Ich habe keine Zukunft ... → *Was haben Sie morgen vor* ↓	44
Konjunktive in Indikative umwandeln	Das würde ich schon tun ... → *Was werden Sie tun* ↓	45
Von »man« auf »Sie« kommen	Das könnte man machen → *Was machen Sie* ↓	42
Relativierende Ausdrücke hinterfragen	Ausziehen will ich *eigentlich* nicht ... → *Eigentlich* ↓ Irgendwo ist auch ein Platz für mich ... → *Irgendwo* ↓	48
Fokussieren, wenn es um die konkrete Umsetzung des formulierten Zieles geht	Was – wo – wann – wie genau → *Wann werden Sie ...* ↓ → *Mit wem will das noch besprochen sein ...* ↓	72 ff.
Ressourcenaktivierung	Kurzer Rückblick auf Gelungenes → *Wie haben Sie das damals geschafft* ↓	76
Imaginative Kraft einer guten Zukunft nutzen	→ *Angenommen, in zwei Jahren ist das Problem gelöst. Was war der erste Schritt* ↓	76
Bei starken Lösungsblockaden	Ggf. Bilder und Geschichten einbringen	98 ff.

WEITERES		
Anwalt der Hoffnung sein	Hoffnungssignale und Hoffnungsworte wahrnehmen und verstärken	25 ff.
UP – DOWN IN – OUT	Schieflagen in der Beziehungsachse ausgleichen Nicht die ganze Problem-Wohnung besichtigen	56 ff. 59 ff.
Paraverbales unterstützen	Der Ton macht die Musik! Lautstärke, Stimmlage, Modulation, multiple Betonung und Pausen bewusst einsetzen, am Ende ↓	83 ff.
Nonverbales unterstützen	Körperhaltung, Gestik, Mimik fokussiert nutzen Körperabstand variabel gestalten	87 ff.
Im ersten Teil entschleunigen	Zeit zum Mit- und Nachdenken lassen Pausen sind »Arbeitsphasen« des Gesprächs	24 f.; 86
Im zweiten Teil beschleunigen	Wenn eine mögliche Lösung in den Blick kommt	24 f.
Einen guten Abschluss finden	Ggf. »Blumenstrauß« binden und darreichen Inhaltlich gefüllte Wünsche mit auf den Weg geben	90 f. 91 f.

Anhang

Schritte zur Weiterarbeit

Wenn Sie meisterlich punktgenaue Gespräche führen wollen, reicht dieses Buch allein nicht aus. Besser gesagt: Lesen allein reicht nicht aus. Es ist notwendig, selbst Erfahrungen zu sammeln, das Gelesene anzuwenden, Fehler zu machen, sich zu verbessern und neu anzusetzen. Schlicht und einfach: zu Üben. Und das am besten nicht allein, sondern mit anderen zusammen. Denn im gemeinsamen Üben kommt man schneller voran und die gemeinsame Reflexion öffnet die Tür zu Einsichten, die einem allein verschlossen bleiben.

Dazu empfehlen wir Ihnen sehr, einen Kurs zu besuchen, der Ihnen das im Buch Beschriebene interaktiv nahebringt. In Frage und Antwort, in Diskussionen und Vertiefungsrunden, in Übungen und Rollenspielen er*leben* Sie – im wahrsten Sinne des Wortes – die Elemente, die Sie bis hierher nur er*lesen* haben.

In der Arbeitsgemeinschaft Kurzgespräch (AgK) sind Trainer:innen zusammengeschlossen, die solche Kurse anbieten. Diese finden Sie über die Website www.kurzgespraech.de. Eine:n davon finden Sie sicher auch in Ihrer Nähe. Er oder sie kann Sie beraten, welches Format für Sie persönlich oder Ihr Unternehmen geeignet ist:

- Ein Vortrag mit anschließender Diskussion – um sich einen Überblick zu verschaffen
- Ein Workshop (Halbtags- oder Tagesveranstaltung) – zum Reinschnuppern
- Ein Grundkurs – die Basis
- Ein Aufbaukurs – für den besonderen Pfiff
- Ein Auffrischungskurs – um wieder in Schwung zu kommen
- Eine Übungsgruppe – gemeinsam in Präsenz oder online trainieren
- Oder ein speziell auf Ihre Bedürfnisse zugeschnittenes Format

Durch diese Praxisformate bekommt das hier im Buch Dargestellte zusätzlich Fülle und Tiefe. Es wird Ihnen helfen, sich in Ihrer alltäglichen und beruflichen Kommunikation deutlich zu verbessern.

Danksagung

Herzlich bedanken wir uns bei allen, die zum Entstehen dieses Buches beigetragen haben: den Trainer:innen der »Arbeitsgemeinschaft Kurzgespräch« (AgK) für den jahrelangen kreativen Gedankenaustausch. Kirsten Prößdorf und Sylvia Hölscher-Klein für das Korrekturlesen und manchen hilfreichen Tipp sowie Lena Meurer für das Erstellen der Abbildungen. Jana Harle vom Verlag für ihre geduldige Begleitung. Und den vielen Gesprächspartner:innen, die uns unsere kommunikativen Fehler gnädig verziehen haben. Sie haben uns Mut gemacht, dieses Buch zu schreiben.

Literatur

Andere Zeiten e. V. (2011): Typisch! Kleine Geschichten für andere Zeiten (10. Aufl.). Hamburg: Andere Zeiten.

Berg, Insoo Kim/de Jong, Peter (2003): Lösungen (er-)finden. Das Werkstattbuch der lösungsorientierten Kurztherapie. Dortmund: Modernes Lernen.

Bucay, Jorge (2015): Komm, ich erzähl dir eine Geschichte. Frankfurt am Main: Fischer.

De Shazer, Steve (2018): Der Dreh. Überraschende Wendungen und Lösungen in der Kurzzeittherapie. Heidelberg: Carl Auer.

De Shazer, Steve/Dolan, Yvonne (2011): Mehr als ein Wunder. Lösungsfokussierte Kurztherapie heute. Heidelberg: Carl Auer.

Duden (1998): Bd. 12: Zitate und Aussprüche, Herkunft und aktueller Gebrauch, Mannheim: Duden.

Fiege, Regina/Muck, Peter/Schuler, Heinz (2014): Mitarbeitergespräche. In: Heinz Schuler/Uwe-Peter Kanning (Hg.): Lehrbuch Personalpsychologie. Göttingen: Hogrefe, S. 765–811.

Hammel, Stefan (2009): Handbuch des therapeutischen Erzählens. Stuttgart: Klett-Cotta.

Hesse, Hermann (2012): Das Glasperlenspiel. Berlin: Suhrkamp.

Hossiep, Rüdiger/Zens, Jennifer/Berndt, Wolfram (2020): Mitarbeitergespräche. Motivierend, wirksam, nachhaltig. Göttingen: Hogrefe.

Kindl-Beilfuß, Carmen (2014): Fragen können wie Küsse schmecken. Systemische Fragetechniken für Anfänger und Fortgeschrittene. Heidelberg: Carl Auer.

Knatz, Birgit/Dodier, Bernard (2003): Hilfe aus dem Netz. Theorie und Praxis der Beratung per E-Mail (Leben lernen 164). Stuttgart: Klett-Cotta.

Knatz, Birgit/Schumacher, Stefan (2019): Mediale Dialogkompetenz. Umgang mit schwierigen Gesprächssituationen am Telefon und im Chat. Berlin: Springer.

Lohse, Timm H. (2006): Das Trainingsbuch zum Kurzgespräch. Ein Werkbuch für die seelsorgliche Praxis. Göttingen: Vandenhoeck & Ruprecht.

Lohse, Timm H. (2008): Das Kurzgespräch in Seelsorge und Beratung. Eine methodische Anleitung (2. Aufl.). Göttingen: Vandenhoeck & Ruprecht.

Lohse, Timm H. (2015): Das seelsorgliche Kurzgespräch. Eine praxisorientierte Einführung. Norderstedt: BoD.

Lohse, Timm H. (2016): Grundlagen des Kurzgesprächs. Kenntnisse und Fertigkeiten für ein bündiges Beratungsgespräch (2. Aufl.). Norderstedt: BoD.

Lohse, Timm H. (2017): Einführung in das Kurzgespräch. Vom Wesen und zur Praxis. Norderstedt: BoD.

Lohse, Timm H. (2020): Das Kurzgespräch in Seelsorge und Beratung. Eine methodische Anleitung (5. Aufl.). Göttingen: Vandenhoeck & Ruprecht.

Mahlmann, Regina (2010): Sprachbilder, Metaphern & Co. Einsatz von bildlicher Sprache in Coaching, Beratung und Training. Weinheim/Basel: Beltz.

Marshall, Joseph M. (2014): Der stille Pfad. Indianische Weisheitsgeschichten. Freiburg: Herder Spektrum.

Masemann, Sandra/Messer, Barbara (2009): Improvisation und Storytelling in Training und Unterricht. Weinheim und Basel: Beltz.

Mentzel, Wolfgang (2013): Mitarbeitergespräche. Freiburg: Haufe Lexware.

Möhring, Britta/Schlüter, Thomas (2019): »Kann ich Sie mal kurz sprechen?«. Impulse für gute Gespräche in der Schule. Göttingen: Vandenhoeck & Ruprecht.

Schmitz, Lilo/Billen, Birgit (2012): Lösungsorientierte Mitarbeitergespräche. München: Redline.

Thich Nhat Hanh (2013): achtsam sprechen, achtsam zuhören. Die Kunst der bewussten Kommunikation. München: Knaur.

Watzlawick, Paul (2007): Die Möglichkeit des Andersseins. Zur Technik der therapeutischen Kommunikation. Bern: Hans Huber.

Watzlawick, Paul/Weakland, John H./Fisch, Richard (1974): Lösungen. Zur Theorie und Praxis menschlichen Wandels. Bern: Hans Huber.

Watzlawick, Paul/Weakland, John H. (Hg.) (1980): Interaktion. Bern: Hans Huber.

Watzlawick, Paul/Beavin, Janet H./Jackson, Don D. (2016): Menschliche Kommunikation: Formen, Störungen, Paradoxien. Göttingen: Hogrefe.

Weidinger, Birgit (Hg.) (2014): Warum gesengte Säue rasen und der Strohsack heilig ist. Sprichwörter, Redensarten – und was dahinter steckt. München: Süddeutsche Zeitung Edition.

Weiß, Stefanie (2013): Blended Counseling. Zielorientierte Integration von Off- und Onlineberatung, Hamburg: Diplomica.

Stichwortregister

Anmerkungen

1 Watzlawick/Beavin/Jackson 2016, S. 53.
2 Siehe dazu die Bücher von Timm H. Lohse (2006; 2008; 2015; 2016; 2017; 2020) im Literaturverzeichnis.
3 Dies ist uns auch ein Anliegen, weil die »Förderung der wissenschaftlichen Erarbeitung der methodischen Grundlagen des zielorientierten Kurzgesprächs« satzungsgemäß eine der Aufgaben der Arbeitsgemeinschaft Kurzgespräch (AgK) ist.
4 Der Pfeil (↓) hier und bei den kommenden Beispielen bedeutet eine Stimmsenkung am Ende des Satzes (vgl. dazu Lohse 2020, S. 25, Anm. 14). Mehr dazu in Kapitel II.7 »Stimme und Körper gezielt einsetzen«.
5 Ist in diesem Buch lediglich von »Kurzgespräch« die Rede, ist immer »zielorientiertes Kurzgespräch« gemeint.
6 Mit welchen Mitteln die Geschwindigkeitskontrolle von Ihrer Seite erfolgt, wird in Kapitel 2 ausführlich behandelt.
7 Zitiert nach Duden 1998, Bd. 12, S. 672.
8 Vgl. Möhring/Schlüter 2019, S. 50 f.
9 Vgl. auch die Zusammenstellung bei Möhring/Schlüter 2019, S. 90 ff.
10 Möhring/Schlüter 2019, S. 36 ff.
11 Ähnliches sagt die SMART-Formel zur Erstellung von Zielen aus. Diese setzt die wichtige »positive Formulierung« allerdings schon voraus.
12 Vgl. Lohse 2008, S. 106 f.
13 Watzlawik/Weakland/Fisch 2009, S. 29 ff.
14 Gehört in Coachings bei Heinrich Fallner.
15 Der berühmte Vers aus dem Gedicht »Stufen« von Hermann Hesse lautet im Original eigentlich: »Und jedem Anfang wohnt ein Zauber inne, der uns beschützt und der uns hilft zu leben«. Siehe Duden 1998, Bd. 12, S. 577.
16 Lohse 2020, S. 110.
17 Sprachlich und für das Verstehen macht es einen Unterschied, ob Sie von »Reziprozitäten in Beziehungen unterschiedlich lebensgeschichtlich geprägter Menschen mit gegebenenfalls anhaftender neurotischer Persönlichkeitsstruktur« berichten oder mit einer kleinen Geschichte sagen: »Gegensätze ziehen sich an.« Geschichten bewirken somit, dass eine kurzzeitige Distanzierung von der eigenen (Gedanken-)Welt und ein Hineinbegeben in einen anderen Bilderkosmos erfolgt.
18 Die Erzählung findet sich im Neuen Testament beim Evangelisten Lukas im 10. Kapitel. Jesus verwendet des Öfteren die Technik, auf Sachfragen mit einer Geschichte oder einem Gleichnis zu antworten.

19 Ein anregendes Buch, wie sich auf einzelne Fragestellungen Geschichten finden und erzählen lassen, ist das Buch von Jorge Bucay (2015). Hier wird von
einem Therapeuten erzählt, der seinem Klienten in jeder Therapiesitzung auf
seine jeweiligen Fragen und Probleme eine Geschichte erzählt. Er scheint
auf eine nicht versiegen wollende Schatzkiste an guten und passenden Geschichten zurückgreifen zu können, die er gekonnt einbringt.

20 Ebenfalls inspirierend sind Marshall 2014 und Andere Zeiten e. V. 2011.

21 Strategisch verkürzt erzählt nach Bucay 2015, S. 215 f.

22 Hammel 2009, S. 26.

23 Der Einzug von Schülerspielen wie »Bullshit-Bingo« oder »Bullshit-O-Mat«
in Firmenkommunikation zeigt, dass dies bittere Realität in vielen Unternehmen und Konferenzen ist.

24 Das bedeutet, die in Kostbarkeit 6 beschriebenen sechs Kriterien für jedes
formulierte Ziel zu überprüfen. Zumindest eine qualifizierte Mehrheit dieser Kriterien muss gewährleistet sein, sonst wird das Ziel entweder nicht erreicht oder hat keine Nachhaltigkeit.

25 So zitiert bei Hossiep/Zens/Berndt 2020, S. 3.

26 Mentzel (2013), S. 19.

27 Vgl. dazu Thich Nhat Hanh 2013.

28 An Gräbern antiker ägyptischer Richter findet man bisweilen folgenden Satz
über die juristische Praxis der Verstorbenen: »*Ich urteilte so, dass beide Parteien zufrieden gehen konnten*«.

29 Knatz/Schumacher 2019, S. 7: »Der Chat ist eine Art geschriebenes Gespräch.
Beim Chatten konzentriert man sich auf das Wesentliche, denn Schreiben
dauert länger als Sprechen. So kann innerhalb derselben Zeitspanne etwa
nur ein Viertel der Information eines mündlichen Gesprächs gesendet werden«.

30 Eine seltene Möglichkeit ist die Kombination von Face-to-Face-Beratung
und Onlineberatung, das sogenannte »blended counseling«. Dabei werden
Online- und Offlineberatung so kombiniert, dass der Vorteil der persönlichen Beziehung mit den Vorteilen der Onlineberatung wie Zeitersparnis
und Überwindung von Distanzen sinnvoll verbunden wird. Siehe Weiß 2011,
S. 11 ff.

31 Dieser Ansatz geht zurück auf Hans König, Lehrtrainer und langjähriger
Vorsitzender der »Arbeitsgemeinschaft Kurzgespräch« (AgK).